Tommy Welchel und Michelle P. Griffith

Wahre Geschichten und Wunder der Azusa Street

Tommy Welchel
und Michelle P. Griffith

Wahre Geschichten und Wunder der Azusa Street

Eine der größten Erweckungen der Geschichte,
die heute wieder aktuell ist

GloryWorld-Medien

7., verbesserte Auflage 2024

© Copyright 2013 Tommy Welchel und Michelle P. Griffith

Originally published in English under the title „True Stories of the Miracles of Azusa Street and Beyond" by Destiny Image, 167 Walnut Bottom Rd., Shippensburg PA 17257-0310, USA.

All rights reserved.

© der deutschen Ausgabe 2017 GloryWorld-Medien, Xanten, Germany, www.gloryworld.de

Alle Rechte vorbehalten

Bibelzitate sind, falls nicht anders gekennzeichnet, der Elberfelder Bibel, Revidierte Fassung von 2006, entnommen. Weitere Bibelübersetzungen:
SLT: Schlachter 2000.

Das Buch folgt den Regeln der Deutschen Rechtschreibreform. Die Bibelzitate wurden diesen Rechtschreibregeln angepasst.

Übersetzung: Andreas und Dorothea Schulz
Lektorat/Satz: Manfred Mayer
Umschlaggestaltung: Dorothea Schulz, www.zoe-art-design.com
Fotos: Flower Pentecostal Heritage Center

Printed in Germany

ISBN: 978-3-95578-322-8
Bestellnummer: 356322

Erhältlich beim Verlag:

    GloryWorld-Medien
    Beit-Sahour-Str. 4
    D-46509 Xanten
    Tel.: 02801-9854003
    Fax: 02801-9854004
    info@gloryworld.de
    www.gloryworld.de

oder in jeder Buchhandlung

Stimmen zum Buch

Nichts, und ich meine wirklich nichts, begeistert mich mehr als Zeugnisse über eine Ausgießung des Heiligen Geistes. Ein perfektes Beispiel hierfür ist das Buch „Wahre Geschichten und Wunder der Azusa Street". Solche Geschichten setzen mein Herz für das „Mehr" in Brand, welches wir sowohl in der Bibel als auch in der Kirchengeschichte finden.

Bekannt als das letzte lebende Verbindungsglied zur Azusa-Street-Erweckung, hatte Tommy die große Ehre zu den Füßen derer zu sitzen und denen zuzuhören, die diese Ausgießung aus erster Hand miterlebt haben. Die in diesem Buch beschriebenen Wunder, die Gott in seiner Güte gegeben hat, sind einfach atemberaubend.

Lass dich in deinem Glauben ermutigen und herausfordern, wenn du nun die Geschichten über eine Erweckung liest, die Auswirkungen bis heute hat. Lass dir jedoch vor allem einen Hunger nach „mehr" in deinem eigenen Leben schenken.

Bill Johnson
Pastor, *Bethel Church,* Redding CA

Es hat nicht lange gedauert, bis ich von diesem Buch und seiner großartigen Geschichte begeistert war. Ich bin sicher, dass es auch dich inspirieren wird. Es kann wieder passieren, sogar in noch gewaltigerer Weise, da die Zeit knapp ist. Lasst uns im Glauben eine frische Ausgießung des Heiligen Geistes erwarten.

Gloria Copeland
Kenneth Copeland Ministries

Es ist kein Zufall, dass das Buch, das du in deinen Händen hältst, in der jetzigen Zeit geschrieben und veröffentlicht wurde. William Seymour, der große Erweckungspionier und Vater der Azusa-Street-Bewegung, und Maria Woodworth-Etter, die mächtige Heilungsevangelistin, prophezeiten im Jahr 1909, nach 100 Jahren werde eine Erweckung vom Himmel kommen, die um ein Vielfaches mächtiger und einflussreicher sein würde, als die der Azusa Street. Die 100 Jahre sind inzwischen vorbei. Es ist Zeit! Könnte dieses Buch ein Wegbereiter für die prophezeite himmlische Invasion sein? Lies noch einmal die Geschichten der Azusa Street, die immer noch weitergehen, und werde ein Werkzeug in dieser nächsten himmlischen Invasion.

Lou Engle
Mitbegründer und Präsident von TheCall

Zeugnisse stecken voller Kraft. Tommy Welchel hat viele der außerordentlichen Wunder der Azusa-Street-Erweckung festgehalten. Unsere Generation wird das aufgreifen, was durch diese große Bewegung des Geistes Gottes entfacht wurde und aus den Seiten dieses Buches herausscheint.

Sid Roth
Fernsehmoderator, It's Supernatural!

Im Lauf meines Lebens habe ich gelernt, dass Gott immer seine Zeugen hat. Tommy Welchel ist ein Zeuge der Herrlichkeit der Azusa Street. Er wurde zu einem Träger dieser Salbung, da er die Zeugnisse der Azusa Street in sich aufgenommen hat. In „Wahre Geschichten und Wunder der Azusa Street" haben Tommy und Michelle diese Salbung in Kombination mit der heutigen Salbung eingefangen, damit sie in Gottes glorreichem Finale jedem Einzelnen von uns zur Verfügung steht. Der Herr möge euch, Tommy und Michelle, dafür segnen, dass ihr dem Herrn gehorcht und diese so wichtigen Informationen für eine Zeit wie diese zusammengestellt habt.

Billye Brim
Billye Brim Ministries

Es ist mir eine große Freude, das Buch „Wahre Geschichten und Wunder der Azusa Street" empfehlen zu dürfen. Schon immer war ich ein Fan der Erweckungsgeschichte und wurde durch das Lesen dieser Geschichten gesegnet. Ich will immer noch „mehr" erleben, und auch die Geschichten in diesem Buch haben mich in dieser Richtung inspiriert. Sie stellen ein Kapitel in unserem heutigen geistlichen Erbe dar. Die Berichte über Heilungen, die wir hier sehen, sind Vorboten dessen, was Gott heute in der Welt tut, und die Bewegungen, die schon da sind, sind die Früchte hungriger Menschen. Dieser Hunger wird durch die Geschichten über das, was Gott bereits getan hat, erzeugt und führt zu der Frage: Warum nicht auch hier? Warum nicht jetzt? Die Geschichten in diesem Buch sind keine Ausnahme!

Wenn du nun dieses Buch liest, bitte Gott darum, deinen Hunger zu mehren und dein Verlangen, selbst zu erleben, wie er heute in Kraft auf der Erde wirkt, zu stärken.

Randy Clark
Global Awakening

In einer gängigen jüdischen Redensart heißt es: „Was die Vorfahren getan haben, ist ein Zeichen für die Kinder." Die Zeugnisse und Geschichten vergangener Generationen sind so bedeutend für uns, da sie wie eine Vorschau dessen sind, was Gott in der Zukunft noch tun wird. Aus diesem Grund ist dieses Buch eines der aktuellsten und spannendsten Bücher, das mir seit langem in die Hände gefallen ist. Was der Herr in den Tagen von William Seymour und Azusa getan hat, soll uns an das erinnern, was er in einem noch viel größeren Maß in unserer Zeit tun möchte. Durch die Kraft des Zeugnisses werden diese Geschichten deinen Glauben für das Unvorstellbare mehren und das Übernatürliche in deinem Leben freisetzen. Möge Gottes Atem darüber wehen, um Erweckung zu entfachen.

Rabbi Jason Sobel
Gründer von *FUSION Global*
Geistlicher Leiter der *Ascend Malibu Fellowship*

Inhalt

Vorwort	15
Prolog	19
Einleitung	27
1 Code 4	39
2 Die Entstehung der Azusa Street	43
3 Ein freudiger Lärm	57
4 So eifernd wie Zachäus	67
5 Wie die Mutter, so der Sohn	77
6 Was ist schon ein Name?	85
7 Geht hinaus in alle Welt	95
8 Geblendet durch das Licht	99
9 Der Gott der kleinen Dinge	103
10 Guter und treuer Knecht	107
11 Ein sehr liebliches Lied	111
12 Farbenblind	113
13 Beine, um darauf zu stehen	121
14 Was Gott zusammengefügt hat	127
15 Lasst die Kinder zu mir kommen	137
16 Die wahre Geschichte, die unter einer Bank stattfand	145
17 Nach Azusa: Wunder in Pisgah	147
18 Manna von heute: Aktuelle Wunder	163
Nachwort von Michelle P. Griffith: Azusa Street – eine Inspiration, kein Ort	189

An die Jungen

(und das Kind Gottes in jedem von uns)

Ihr seid niemals zu jung (oder zu alt), um in das Königreich Gottes einzutreten und sein Werk zu tun.

In diesen Geschichten kommen die jungen Leute zu Wort, die damals in der Azusa Street mitgewirkt haben. Diese Teenager opferten ihre Freizeit nach der Schule, um bei Azusa Zeugnis zu geben und Wunder zu tun. Durch sie wurden nicht nur Hunderte Menschen geheilt, sondern sie gründeten auch einige der bedeutsamsten christlichen Werke und Gemeindebewegungen unserer Zeit.

Bist du noch jung? Oder schon alt? Gott möchte dich gebrauchen. Hier und jetzt. Mach dich bereit!

Dank

... eine Zeit zum Pflanzen und eine Zeit zum Abernten der Pflanzen.

Prediger 3,2

Tommy ist ein Geschichtenerzähler. Ein Geschichtenerzähler kann nicht einfach in ein Aufnahmegerät sprechen, ohne dass ihm jemand gegenübersitzt.

Wir möchten unserer „Zuhörerschaft" dafür danken, dass sie allein dadurch, dass sie bereit waren, anwesend zu sein, eine Salbung freisetzten, die Tommy dabei half, sich an die in diesem Buch erzählten Geschichten zu erinnern und zu erzählen. Dazu gehören Parish John, Cathy Sandahl, Barbra Chaffee, Carita Boshoff, David Kelly sowie Randy und Ana Carranza.

Unser Dank geht auch an Colleen Ferraro, die viele Stunden damit verbrachte, sich immer wieder die Aufnahmen anzuhören, um sie mit großer Fingerfertigkeit niederzuschreiben.

Nicht zuletzt möchte Tommy besonders seiner Frau Marlene, mit der er seit 48 Jahren verheiratet ist, für ihre harte Arbeit und die stetige Unterstützung für dieses Buch danken.

Michelle möchte ihrem Mann Marc dafür danken, dass er sie ermutigt hat, an diesem Projekt mitzuarbeiten, und dass er immer ihre Träume unterstützt. Ihr Dank geht auch an Conner, Victoria und Camryn, ihre Kinder, die weniger von ihrer Mutter hatten, damit sie sich in dieses Buch investieren konnte.

Michelles Dank geht ebenso an ihre Mutter und ihren Vater, Frances und Richard Palmieri, die sie bereits in ihrer Kindheit mit der Erkenntnis Gottes gesegnet haben.

Tommy und Michelle möchten *allen* danken, die in dieses Buch investiert haben, sodass viele die Früchte ernten können.

Vorwort

Gott ist der große Geschichtenerzähler, und durch Zeugnisse werden seine großartigen Geschichten am Leben erhalten. Nicht nur das, sondern Gottes Geschichten sind von Natur aus generationsübergreifend. Die Geschichten der Vergangenheit werden zu den Geschichten der Gegenwart.

Was du gleich lesen wirst, ist Gottes großartige Geschichte der Azusa Street, die war und ist und kommen wird. Tommy Welchel lebt in den Geschichten der Azusa Street, und durch ihn gehen sie auch weiter. Sie werden nicht nur weitererzählt, sondern in diesen aufregenden Zeiten auch ganz praktisch umgesetzt.

Ich selbst wurde 1984 in das großartige Geschehen der Azusa Street mit hineingerissen. Ich las die Geschichte des Fürbitters Frank Bartleman, wie er 1905 fastete und betete und über sehr bewegende Dinge berichtete, die dann zum Ausbruch dessen, was wir die Azusa-Street-Erweckung nennen, führte. Seine Geschichten setzten mich in Brand.

Mose hatte einen brennenden Busch. Ich hingegen begegnete Gott in einem feurigen Buch und hörte, wie mein Name gerufen wurde. Als ich das Buch las, fand ich mich selbst auf denselben Straßen wieder, auf denen Bartleman im kalifornischen Pasadena unterwegs gewesen war. Ich war auf eine uralte Quelle und auf einen herrlichen Weg unserer Vorväter gestoßen. Bartlemans Verheißungen wurden zu meinen eigenen. Ich möchte gerne beten, wie dieser Mann es getan hat. Ich möchte nicht nur über Erweckungen lesen, sondern heute darin leben. Ich möchte, dass meine Kinder sie sehen.

Eines Nachts, im Jahr 1984, schrie ich zu Gott: „Gib mir den Mantel von Frank Bartleman." Am darauffolgenden Morgen kam ein Freund zu mir und sagte: „Lou, ich habe heute Nacht von dir geträumt. In diesem Traum sah ich ein großes schwarzes Buch. Auf dem Cover stand ‚Erweckung, von Frank Bartleman'." Mein Freund öffnete das Buch und sah auf einer der Innenseiten ein Bild von Frank Bartleman. Dann sagte er: „Sein Gesicht verwandelte sich in deines." Mein ganzes Wesen explodierte angesichts dieser Verheißung. Ich fand meinen Namen in den Geschichten der Azusa Street und wusste, dass seine Verheißungen auch meine sind.

Von 1994 bis 1998 erlebten wir eine Erweckung in Pasadena. Aus dieser entstand die Bewegung „The Call", wo hunderttausende Menschen zusammenkamen, um für die nächste Ausgießung zu beten und zu fasten. In diesem Traum ging es nicht nur um mich allein, sondern um eine ganze Generation, die sich erheben würde, um Frank Bartlemans Mantel zu tragen und die vielleicht größte Erweckung hervorzubringen, die Amerika und die ganze Welt jemals gesehen hat.

Während jener Tage in Pasadena ging ich nach Pisgah, wo Tommy Welchel lebte, und hörte dort direkt von der Quelle einige dieser Geschichten und sah die Herrlichkeit der Feuerzungen.

Der ursprüngliche Ruf dieses Ortes, wo die Flamme der Azusa Street loderte, zog meinen Geist an. Ich war auch in Sunderland in England, wo die Flamme ebenfalls loderte und auf dem Haupt von Smith Wigglesworth gelandet war. An jedem Ort, an dem die Feuerflamme niederkam, wurden Gottes Geschichten geschrieben und werden heute Enkeln von William Seymour, C.H. Mason, T.A. Barrett, Smith Wigglesworth, Frank Bartleman usw. von Neuem erzählt.

Und dort, wo man diese Geschichten hört, wird der gleiche Geist der Azusa Street lebendig. Das letzte Kapitel wurde noch nicht geschrieben. Alles in mir schreit danach, ein Teil dieser Geschichte zu sein. Heute sitze ich in einem kleinen Café in Pasadena und habe die Ehre, ein Vorwort zu einem Buch zu schreiben, das über der ganzen Welt brennen und dafür sorgen wird, dass die Azusa Street immer wieder neu auflebt.

Vor neun Jahren verließ ich Pasadena, um auf eine Gebets- und Erweckungsreise durch Amerika und die Welt zu gehen. Aber dann wurde ich unumwunden nach Pasadena, dem früheren Gebetsrevier Bartlemans, zurückgebracht, und ich kann sagen, dass die Flamme wieder in mir lebt, genauso wie bei Tommy Welchel.

Vorwort

Es ist kein Zufall, dass das Buch, das du in Händen hältst, in der heutigen Zeit geschrieben und veröffentlicht wurde. William Seymour, der großartige Erweckungspionier und Vater der Azusa-Street-Bewegung und ebenso Maria Woodworth-Etter, eine mächtige Heilungsevangelistin, prophezeiten im Jahr 1909, dass nach hundert Jahren eine Erweckung vom Himmel kommen würde, die um vieles mächtiger und einflussreicher sein würde, als die der Azusa Street. Diese hundert Jahre sind inzwischen vergangen! Die Zeit ist da!

Könnte dieses Buch vielleicht der Katalysator für die prophezeite himmlische Invasion sein?

Mein Gebet ist, dass diese Geschichten, welche hier von einem Augenzeugen berichtet werden, der sie selbst erlebte und immer noch darin lebt und sie immer wieder erzählt, zu einer Feuerflamme werden, welche brennende Büsche über die ganze Welt zu den 7000 unerreichten Völkern sendet, welche das Königreich noch erleben müssen, bevor Jesus wiederkommt. Lasst uns mit der Salbung nicht verschwenderisch umgehen, indem wir nur eine fröhliche Party erleben wollen. Lasst uns die Kraft der Feuerflamme aus dem Grund ergreifen, aus dem sie zuerst an Pfingsten im Obergemach ausgegossen wurde: *„Aber ihr werdet Kraft empfangen, wenn der Heilige Geist auf euch gekommen ist, und ihr werdet Zeugen sein, sowohl in Jerusalem als auch in ganz Judäa und Samaria und bis an die Enden der Erde."*

Vielleicht bin ich ja gerade für diese Zeit nach Los Angeles zurückgekehrt, um mich mit weiteren Tausenden, die hier leben oder hierherkommen, Bartlemans Gebetsseufzern hinzugeben, um in der heutigen Zeit die feurige Flamme zu gebären, wie er es zu seiner Zeit getan hat.

Dieses Buch dokumentiert es ganz klar: Es ist mehr als nur eine gute Geschichte, es ist eine Einladung zu Gottes letztem Kapitel. Wird dein Name in Gottes himmlischem Protokoll zu finden sein? Die Handlung der Geschichte geht weiter. Wirst du für eine Zeit wie diese ein Akteur auf der Bühne der Geschichte sein?

Lou Engle
Mitbegründer und Vorsitzender von *The Call*

Prolog

von Michelle P. Griffith

„Heilt Kranke, weckt Tote auf. Treibt Dämonen aus."
Matthäus 10,8a

Die Azusa Street und die Schechina-Herrlichkeit

Wenn du dieses Buch liest, wirst du höchstwahrscheinlich schon mit der Azusa-Street-Erweckung vertraut sein. Aber für die, die es noch nicht sind: Die Azusa Street Nr. 312 in Los Angeles in Kalifornien war zwischen April 1906 und November 1909 Gottes irdische Adresse. Was meine ich damit?

In den ersten Jahren des zwanzigsten Jahrhunderts nahm die Herrlichkeit des Herrn in dieser ehemaligen Lagerhalle und den zugehörigen Stallungen Wohnung und setzte dreieinhalb Jahre lang vierundzwanzig Stunden täglich und sieben Tage die Woche schöpferische Heilungswunder frei. Fehlende Gliedmaßen wuchsen da, wo keine gewesen waren, Augäpfel füllten leere Augenhöhlen, Krebsgeschwüre fielen ab und Menschen wurden wiederhergestellt, als die Schechina-Herrlichkeit das Gebäude füllte.

Einigen wird der Begriff *Schechina* wohl fremd sein. Gemäß der rabbinischen Lehre bedeutet das Wort: „Hier zeltet Gott." Das Wort selbst taucht in der Bibel nicht direkt auf, jedoch können wir die Schechina-Herrlichkeit dort finden. Im 2. Buch Mose wird eine „Wolke" beschrieben, wie z. B. in 2. Mose 13,21 *„Der Herr aber zog vor ihnen (den Israeliten) her, bei Tag in einer Wolkensäule"* ...

Später in 2. Mose 24,15-17 heißt es: „*... bedeckte die Wolke den Berg. Und die Herrlichkeit des Herrn ließ sich auf dem Berg Sinai* *nieder."* In 2. Chronik 5,13-14, als Salomons Tempel eingeweiht wurde, heißt es: *„Da wurde das Haus des Herrn mit einer Wolke erfüllt. Denn die Herrlichkeit des Herrn erfüllte das Haus Gottes."*

Dieselbe Herrlichkeitswolke wohnte während der Erweckung dreieinhalb Jahre lang Tag und Nacht im Gebäude der Azusa-Street-Mission und war selbst noch um das Gebäude herum zu spüren. An manchen Abenden konnte man sogar Flammen sehen, die vom Dach der Mission in den Himmel schossen und auf Flammen trafen, die vom Himmel auf die Mission herabkamen. Auch dies ist die Schechina-Herrlichkeit, die z. B. in 2. Mose 24,17 beschrieben wird: *„Das Aussehen der Herrlichkeit des Herrn aber war ... wie ein verzehrendes Feuer auf dem Gipfel des Berges (Sinai)."*

Manche jüdischen Lehrer glauben, dass die feurigen Flammen Seraphim-Engel sind, was übersetzt „die Brennenden" bedeutet. Die Flammen über der Azusa Street waren feurige Engel, die vom Himmel kamen, um Wunder zu bringen, und wieder zurück in den Himmel gingen, um noch mehr Wunder zu holen.

In Johannes 1,51 sagt Jesus: *„Wahrlich, wahrlich ich sage euch: Ihr werdet den Himmel geöffnet sehen und die Engel Gottes auf- und niedersteigen auf den Sohn des Menschen."* Was für ein wunderschönes Bild, welches der Herr von sich selber malt – die himmlische Autobahn zwischen Erde und Paradies. Es ist nicht verwunderlich, dass, wenn das „brennende Dach" die Nacht über der Azusa Street erleuchtete, sich die kreativen Heilungswunder intensivierten, wie z. B. dass Gliedmaßen im Namen Jesu von Nazareth herauswuchsen.

Diese Schechina-Herrlichkeit Gottes und diese feurigen Engel bringen sichtbar zum Ausdruck, was der Vater auf dem Herzen hat: *„... wie im Himmel so auch auf Erden"* (Mt 6,10), oder wie es Bill Johnson beschreibt: *„Wenn der Himmel in die Erde eindringt."*

Was dieses Buch so einzigartig gegenüber anderen Büchern macht, ist, dass hier berichtet wird, wie die Kinder und Jugendlichen die Azusa-Street-Erweckung erlebt haben. Es ist keine dogmatische oder historische Betrachtung, sondern eine Nahaufnahme der persönlichen Erfahrungen von jungen Menschen, die dort waren. Bevor diese Geschichten erzählt wurden, wusste keiner, wie die täglichen

Treffen durch Gott geleitet wurden. Diese Kinder spielten in der Herrlichkeitswolke, welche die Atmosphäre erfüllte, sogar Verstecken.

Diese Zusammenstellung persönlicher Begegnungen offenbart den Herzschlag dieser Erweckung. Während die Kinder sich am Herrn erfreuten, gab er ihnen das Verlangen ihres Herzens (siehe Ps 37,4).

Die Erweckung, die dreieinhalb Jahre lang anhielt – genauso lange, wie Jesus auf der Erde diente –, prägte den Rest ihres Lebens. Fast sechzig Jahre später erzählten die damaligen Jugendlichen der Azusa Street einem jungen Mann namens Tommy Welchel von dieser kostbaren und privilegierten Zeit. Er hörte ihren Geschichten zu und bewahrte sie in seinen Gedanken und seinem Herzen, bis Gott ihm erlaubte, diese in einem Buch festzuhalten.

Verwoben in die beliebten Originalerzählungen, befinden sich neue Geschichten von der Azusa Street und geben dem Erstleser eine nahtlose Offenbarung über die mächtige Bewegung Gottes, während der mit diesem Thema bereits vertraute Leser ganz neu das Herz des Vaters entdeckt, wie es sich über der Azusa Street ausgegossen hat. Auch finden sich frische, ineinandergreifende Details, welche in die Aufzeichnungen über diese „Heiligen" eingefädelt wurden.

Dieses Buch offenbart, wie Gott diese bereitwilligen, durch Azusa geprägten Gefäße, inklusive Tommy, im weiteren Verlauf ihres Lebens gebraucht hat.

Das Buch berichtet auch, wie diese „Heiligen" in Pisgah, jenem Ort, an dem viele von ihnen ihren Lebensabend in Gemeinschaft verbrachten, auch weiterhin Kranke heilten und sogar Tote auferweckten. Tommy lässt uns auch an den Wundern, die Gott durch ihn gewirkt hat, während er in den 60er Jahren mit ihnen in Pisgah wohnte, teilhaben.

Der Himmel dringt heute wieder in die Erde ein. Tommy wird immer wieder Zeuge von Wundern aller Art, wenn er einfach nur diese gesegneten Geschichten des vorigen Jahrhunderts erzählt. Die Prophetie von vor hundert Jahren ist wahrhaftig im Gange.

Es gab nur eine Sache, welche die „Heiligen" der Azusa-Street-Erweckung traurig machte: der Verlust der Herrlichkeit. Ihre gemeinsame Hoffnung war es, diese noch einmal erleben zu dürfen.

Und dies sind nun ihre Geschichten, die sie einem jungen Mann erzählten, der zu ihren Füßen saß und genau zuhörte.

Mündliche Überlieferung

In einer Kultur, die sich auf das geschriebene Wort verlässt, sind wir häufig skeptisch gegenüber Geschichten, die durch mündliche Überlieferung weitergegeben worden sind. Die Geschichten in diesem Buch wurden Tommy Welchel erzählt, der selber ein Geschichtenerzähler ist. Um jeden Zweifel an der Richtigkeit dieser Geschichten zu zerstreuen, ist es wichtig, diese glaubwürdige und legitime Art der Kommunikation zu verstehen, die viele alte Kulturen praktizierten.

Dazu gehören zum Beispiel die Israeliten. Das „Schma Jisrael" ist das zentrale Gebet im jüdischen Gebetsbuch. Dieses uralte Gebet finden wir in 5. Mose 6,4. Es beginnt im Hebräischen mit „Schma Jisrael ..." – *„Höre, Israel! Der Herr ist unser Gott, der Herr allein!"* Es ist ein Befehl zu hören.

Die Bibel, sowohl das Alte als auch das Neue Testament, wurde aus mündlichen Überlieferungen abgeleitet. Die Fähigkeit lesen und schreiben zu können, war nur wenigen Reichen und Gebildeten vorbehalten. Die meisten Menschen lernten, indem sie zuhörten und auswendig lernten. Ganze Bücher des Alten Testaments wurden von den Juden auswendig gelernt, indem sie einfach zuhörten, wenn die Lehrer sie vorlasen. Mündliche Überlieferung bzw. Geschichtenerzählen ist ein wunderschönes, persönliches und intimes Mittel, um zu lernen. Man kann sich vorstellen, wie junge Menschen sich um ihre Lehrer oder die älteren Mitglieder der Familie versammeln.

Auch in der Kultur der Ureinwohner Amerikas wird mündliche Überlieferung praktiziert. Tommy Welchel ist mütterlicher- wie väterlicherseits zu mehr als einem Viertel Cherokee-Indianer. Die Cherokees haben in ihrem Stamm sogenannte „Hüter". Diesen Hütern wurde die Stammesgeschichte weitergegeben, indem sie mit den Stammesältesten zusammensaßen und ihnen zuhörten. Tommy ist von beiden Seiten der Familie her ein solcher Hüter.

In jungen Jahren saß Tommy oft auf der Veranda des Krämerladens von Chickasha in Oklahoma, trank seine spezielle Cola und aß eine spezielle Art Bananenkuchen, während er den alten Männern zuhörte, die Geschichten aus einer Zeit erzählten, als Oklahoma noch lange kein Teil der Vereinigten Staaten war. Für Tommy war es aufgrund seiner kulturell geerbten Begabung ganz natürlich, später zu den Füßen der Heiligen der Azusa Street zu sitzen und ihren Geschichten zuzuhören. Gott hatte alles so geplant.

Eine göttliche Führung

Ja, Gott hatte sogar meinen Anteil in diese erstaunliche Reise eingeplant. Im Sommer 2008 prophezeite Melissa Cordell, eine strahlende junge Schülerin der „School of Supernatural Ministry" in Bethel über mir. Sie hatte keine Ahnung, dass ich Schriftstellerin bin. Sie sah, wie um mich herum stapelweise Bücher auf einem Tisch lagen. Auf der anderen Seite des Tisches saß Gott, und diese Bücher waren das Ergebnis meiner Gespräche mit Gott.

Dieses Wort steckt seitdem an meiner Pinnwand und hat einen festen Platz in meinen Herzen. Zu jener Zeit wusste ich noch nicht, dass Gott mir im Sommer 2012 in Form von Tommy Welchel gegenübersitzen würde.

Wie ich Tommy kennenlernte, kann nur als von Gott geführt beschrieben werden. Ich möchte diesen Ausdruck keinesfalls überbetonen, doch wenn ihr – wie ich – immer öfter solche göttlichen Begegnungen erlebt, kann man es einfach nicht anders nennen.

Im Februar 2009 führten Randy Clark und *Global Awakening* eine Heilungskonferenz in der Gemeinde durch, die mein Mann und ich zu jener Zeit besuchten. Wir waren noch ganz neu in dieser geisterfüllten Gemeinde – die Folge dessen, dass ich das Buch *When Heaven invades Earth*[1] von Bill Johnson gelesen hatte. Da ich katholisch erzogen worden war und später Methodisten-, Nazarener-, und Calvary-Chapel-Gemeinden besucht hatte, veränderte Bills Buch meinen Glauben und infolgedessen auch mein gesamtes Leben.

Mein Ehemann Marc schloss sich mir auf diesem Weg des erweckten Glaubens an, und so begaben wir uns zusammen auf ein göttliches Abenteuer. Alles, was wir dabei entdeckten, begeisterte uns, und im September 2008 fanden wir eine Gemeinde, die unseren neuen Hunger stillte. Zum Zeitpunkt der Konferenz mit Randy Clark waren wir überwältigt, Gefäße der Kraft Gottes zu sein.

---

[1] Dt. Titel: *Und der Himmel bricht herein.*

Eigentlich war es Marc, den Gott benutzte, um mich mit Tommy zusammenzubringen. In einer kurzen Pause der Konferenz schaute sich Marc die Büchertische etwas genauer an. Er nahm ein Buch in die Hand, welches Flammen auf dem Cover hatte und irgendetwas über die Azusa Street erwähnte.

Zu jenem Zeitpunkt kannten wir die Azusa Street nur als größere Durchfahrtsstraße in einem alten Stadtteil im San-Gabriel-Tal in Südkalifornien. Die Erweckung mit William Seymour und all den anderen kannten wir noch nicht. Marc blätterte nur schnell durch die Seiten und sah sich einige der Fotos an. Eines davon war ein Schwarz-weiß-Portrait von William und Jennie Seymour, doch wusste er nicht, wer sie waren, und hatte auch nicht die Zeit, es herauszufinden, da die nächste Veranstaltung anfing.

Einige Stunden später lud Randy jeden dazu ein, für ein Gabenübertragungsgebet nach vorne zu kommen. Da Marc und ich begierig nach Gott waren, machten wir uns eifrig auf den Weg nach vorne. Während wir auf das Gebet warteten, fing Marc plötzlich an zu lachen. Das Lachen übertrug sich zunächst auf mich und dann auf alle, die um uns herumstanden. Wir wussten damals nicht, dass dies „Heiliges Lachen" genannt wurde, fanden es später jedoch heraus.

Wenn Ihnen dieser Begriff fremd ist, müssen Sie wissen, dass dies einfach eine Berührung vom Heiligen Geist ist – wie z. B. auch Tränen, Frieden, Elektrizität oder die Schwere der Herrlichkeit. Es ist ein Lachen, das zwar durch uns kommt, aber von außen inspiriert wird.

Marc erzählte mir später, dass, als das Lachen anfing, ihm das Gesicht eines farbigen Mannes in den Sinn kam. Es war der Mann, der in dem Buch mit den Flammen auf dem Cover abgebildet war (William Seymour). Jedoch war das gedankliche Bild eine Nahaufnahme, nicht das Foto in der vollen Größe, wie es in dem Buch abgebildet war. Es war ein einzigartiges Erlebnis.

Durch eine Reihe von Ereignissen, die nur der Heilige Geist aufeinander abstimmen konnte, wurde uns Tommy Welchel, der Mann, der hinter dem Buch mit den Flammen stand, bei einem Treffen in unserem Haus vorgestellt. Das war am 15. April 2009. Dieses Datum stand für mich immer für den Steuertag. Seit diesem Jahr nannte ich ihn scherzhaft den Tommy-Tag.

Die nächsten drei Jahre blieben Tommy und ich in Kontakt. Als dann die Zeit für das neue Buch gekommen war, passte einfach alles zusammen. Als Tommy mir sagte, es würde sich im Geist richtig anfühlen, mit mir zusammenzuarbeiten, machte er mir damit ein großes Geschenk. Schon viele Jahre bin ich für verschiedene Medien als Autorin tätig und mein erstes Filmdrehbuch ist auch in Bearbeitung.

Wie in der prophetischen Vision beschrieben, nahm ich Position ein. Tommy und ich saßen uns am Tisch gegenüber.

Dieses Buch ist der Anfang des Buchstapels.

Einleitung

„Erziehe den Knaben seinem Weg gemäß; er wird nicht davon weichen, auch wenn er älter wird" (Sprüche 22,6).

Meine Rolle in Gottes Plan

Mama konnte weder lesen noch schreiben. Sie war vollkommen ungebildet. Aber noch während ich mich in ihrem Leib befand, empfing sie den Heiligen Geist. Und schon da sprach Gott über mich zu ihr. Daraufhin schleppte Mama mich zu allen Erweckungs- und Zeltveranstaltungen. Ich spreche von William Branham, Jack Coe, A. A. Allen und Oral Roberts. Schon als Kleinkind brachte Mama mich zu ihnen. Ich wusste nicht, was da vor sich ging. Mir kam es wie eine Strafe vor.

Als ich sie fragte, warum sie keinen der anderen 10 Geschwister mitnahm, antwortete sie mir: „Tommy! Der Heilige Geist sagte mir, dass du eines Tages ein Prediger sein wirst." Eines Tages … Zu all diesen Veranstaltungen nahm sie mich mit, weil sie wollte, dass ich unter die Salbung dieser Männer kam und eine Gabenübertragung von ihnen empfing. Ich hingegen nannte den Heiligen Geist einen „Schuft", da er meiner Mutter immer verriet, wenn ich etwas Schlechtes im Sinn hatte.

Als ich Branham 1950 in Houston sah, war ich erst sieben Jahre alt. Ich sah diese Art Heiligenschein über seinem Kopf, der aussah, als würde er atmen. Ich war sehr froh darüber, ganz hinten zu sitzen, da ich mir vor Schreck fast in die Hose machte. Ich kroch unter die Bank und hielt mich an den eisernen Stuhlbeinen fest. Diesem Mann wollte ich nicht zu nahekommen.

Mit 14 Jahren hörte ich auf, zu den Erweckungsveranstaltungen zu gehen. Ich kannte das Evangelium, wollte es zu dem Zeitpunkt jedoch noch nicht für mich. Als wir damals unsere Farm verloren, zerbrach für mich die Welt. Ich war an den Fluss, die Seen und die Bäume, die Pferde, Kühe, Schweine und Hühner gewöhnt. Als wir dann nach Chickasah, Oklahoma, eine „Großstadt" mit 14.000 Einwohnern zogen und ich nur meinen Hund mitnehmen konnte, löste das in mir eine rebellische Phase aus.

Ich schlief in Straßengräben, auf Heuböden und in leerstehenden Häusern. Ich stahl für mein Essen. Es war ebenfalls ratsam, seine Kleidung über Nacht nicht auf der Wäscheleine hängen zu lassen, da sie sonst in meinen Besitz überging. Wenn sie mir passte, trug ich sie, wenn nicht, landete sie auf dem Müll. Ich hatte auch keine Angst mehr vor meiner Mutter. Wenn ich früher böse geworden war, hatte sie gesagt: „Alles klar. Ich werde deinen Vater sprechen." Ich wollte wirklich nicht, dass mein Vater mit mir sprach, da er einen Rasierriemen hatte, mit dem er mich blutig schlagen konnte, und er machte davon auch Gebrauch. Dieser Mann war gemein. Als ich vierzehn Jahre alt war, musste mein Vater wegen illegalem Verkauf von Whisky in McAlister ins Gefängnis.

Als ich dann 17 wurde, lebte ich schon seit vierzehn Monaten auf der Straße und wurde von der Polizei wegen Einbruch gesucht. Die Bürger der Stadt hatten so ziemlich die Nase voll von meiner Gesetzlosigkeit und waren bereit, mich hinter Gitter zu bringen, und, wenn möglich, den Schlüssel wegzuschmeißen.

Ein langjähriger Freund namens Glen kam zu mir und sagte: „Tommy, die Polizei weiß, wer in die ganzen Häuser einbricht. Sie sagen: ,Wir wollen Welchel! Wir werden ihn von der Straße holen.' Sie haben sogar einen Haftbefehl gegen dich und werden kommen, um dich zu holen."

Tommy lief vor dem Gesetz weg – direkt in die Arme Gottes. Die ungewöhnlichen Komplizen in Gottes Plan waren zwei Trickbetrüger – ein Mann namens Teddy und dessen Großmutter.

Da die Dinge in Oklahoma zu schwierig waren, wollten Teddy und seine Großmutter zurück in ihre Heimat nach Venice Beach. Da ich einen guten Ruf als Dieb hatte, luden sie mich ein, mit ihnen zu kommen. Ich hätte irgendwo mit dir dasitzen und mich mit dir unterhalten können, und du hättest es nicht bemerkt, wenn ich Dinge aus deiner Hosentasche in meine befördert hätte.

Eigentlich wollte ich nicht aus Oklahoma weggehen und nach Kalifornien umziehen, aber Glen erinnerte mich daran, dass ich entweder nach Kalifornien oder ins Gefängnis gehe. So ging ich zu Teddy und seiner Großmutter und fragte sie, ob ihr Angebot noch stehen würde. Sie antworteten: „Klar"! Ich sagte ihnen, dass wir früh am Morgen noch zwei große Kisten mit meiner gestohlenen Beute holen müssten. Am nächsten Morgen packten wir mein Zeug ein und machten uns auf den Weg nach Venice Beach.

Als wir dort ankamen, stritten Teddy und ich uns wegen eines Mädchens. Ich verprügelte ihn, bekam das Mädchen jedoch nicht. Die Großmutter sagte: „Tommy, ich mag dich wirklich sehr, aber wenn ihr beide so miteinander streitet, kannst du nicht hierbleiben. Du hast ihn wirklich übel verletzt!" So wurde ich also rausgeschmissen und verlor damit das Mädchen und auch den Ort, wo ich bleiben konnte.

Mittellos, obdachlos und hungrig war Tommy ein weiterer Vagabund am Strand von Venice Beach. Sein Onkel Ed wohnte zwar in Bakersfield, Tommy hatte jedoch keine Ahnung, wo das lag oder wie er ihn erreichen konnte. Als er so am Stand saß, sich die kalifornische Sonne durch seine Zehen scheinen ließ und sich Gedanken machte, wie es weitergehen würde, wusste er noch nicht, dass sich sein Leben innerhalb von Minuten verändern würde.

Da saß ich also, machte ein langes Gesicht und bemitleidete mich. Ich wusste nicht, wohin ich gehen sollte, noch was ich tun könnte. Da fielen mir zwei alte Damen auf, welche die Strandpromenade entlanggingen. Ich war mir sicher, sie hielten nach einer Person

Ausschau, der sie Zeugnis geben konnten. Sie hatten diesen „Pfingstknoten" auf ihrem Kopf. Je höher der Dutt saß, desto mehr war man von Herrlichkeit erfüllt. Ich hatte sie in all den Erweckungsveranstaltungen gesehen, zu denen meine Mutter mich mitgenommen hatte. Wenn diese Damen sich aufgrund einer Berührung des Heiligen Geistes zu schütteln anfingen, sagte ich mir immer: „Duck dich besser unter die Kirchenbank" und ging vor den wie aus einem Maschinengewehr herumschießenden Haarnadeln in Deckung.

Diese beiden Damen kamen zu mir her und setzten sich, eine links und eine rechts von mir, und fingen an, sich mit mir zu unterhalten. Da ich hungrig war und eine betrügerische Einstellung hatte, entschied ich mich mitzuspielen, in der Hoffnung, von ihnen etwas Geld oder Essen zu bekommen. Eine der Damen war die Vermieterin des Apartments, in welchem Teddy und Großmutter wohnten. Die andere war klein und zierlich und wurde Schwester Goldie genannt.

Schwester Goldie redete fast ununterbrochen, während die Vermieterin nur dasaß und meine Hand hielt. Es fühlte sich gut an. Sie erinnerten mich an meine beiden Großmütter. Sie erzählten über den Herrn und fragten mich, ob ich schon etwas über ihn wüsste. Ich sagte: „Klar." Als sie mich fragten, ob ich das Lebensübergabegebet sprechen möchte, dachte ich mir: „Mann, du bist hier und kennst keinen. Was sollst du sonst machen?"

Weil es Zeit zum Essen und ich total hungrig war, betete ich das Gebet den beiden Damen zuliebe. Zuerst meinte ich es nicht ernst, aber sobald ich das Gebet beendet hatte, fühlte es sich so an, als hätte jemand in mir einen Ofen angeschaltet und ich fing an zu weinen.

Verwundert schaute ich sie an. Irgendwie hatten es diese beiden Frauen geschafft, eine Wand in mir zu durchbrechen, die sich seit Jahren in mir aufgebaut hatte. Mich anzupredigen hatte bei mir nie funktioniert. Ich hätte dagegen rebelliert, und du hättest mich nicht wütend erleben wollen. Ich hätte dir wahrscheinlich etwas angetan. Ich sagte ihnen, dass ich jetzt ein Christ sei. Schwester Goldie antwortete: „Nun, ich weiß, dass du es bist, mein Sohn."

Obwohl ich das Gebet unaufrichtig angefangen hatte, hörte Gott es trotzdem. Dieses Gebet damals hat mich vollständig verändert.

Die Liebe und Güte dieser beiden Damen berührten Tommy tief. Als sie merkten, dass er nicht wusste, wo er hingehen sollte, brachten sie Tommy zurück zu der Wohnung der Vermieterin und ließen ihn auf der Couch übernachten. Am nächsten Tag machten Schwester Goldie und Tommy eine lange Busfahrt nach Pisgah, einer Gemeinschaft, in der Schwester Goldie viele Freunde hatte und welche sie einmal im Monat besuchte.

Noch wusste Tommy nicht, dass Schwester Goldie zusammen mit vielen, die er noch treffen sollte, bei der Azusa-Street-Erweckung gewesen war. Als Kind hatte er schon in den Zeltevangelisationen, zu denen ihn seine Mutter mitgenommen hatte, davon gehört. All die Veranstaltungen in seiner Kindheit waren eine Vorbereitung für die nun folgenden sechs Jahre seines Lebens gewesen. Zwischen 1960 und 1966 lebte Tommy in Pisgah, bei den „Heiligen der Azusa Street", wie man sie liebevoll nannte. Er lebte nicht nur in ihrer Mitte, sondern hörte ihnen auch zu, wie sie ihm ihre Geschichten erzählten.

In diesen sechs Jahren besuchte Tommy sie abwechselnd einmal im Monat und setzte sich als Zeichen seiner Anerkennung zu ihren Füßen. Nachdem sie herausgefunden hatten, dass er Schokoladenkekse und kalte Milch mochte, servierten sie ihm diese Leckereien, während sie ihm eingehend ihre lange gehüteten Geschichten aus der Azusa Street erzählten.

~~~~~~~~~~~~~~~

Ich war seit ungefähr einem Monat in Pisgah, als Schwester Laura Langtroff zu mir sagte: „Bruder Tommy, du brauchst die Taufe im Heiligen Geist." „Du meinst dieses Zungenzeug?" Ich wusste, um was es ging, da meine Mutter es die ganze Zeit getan hatte. Sie antwortete: „Ja." Ich war mir nicht sicher, ob ich es haben wollte oder nicht.

Sie fragte mich: „Wenn du Manns genug bist, würdest du mir dann einen Gefallen tun?" „Was denn?" „Lies das neunte Kapitel der Offenbarung und frage dich, ob irgendetwas davon mit dir passieren soll", sagte sie.

Nun, ich las es. Es machte mir Angst. Es ging um Dinge, die mich stechen, riesige Dinge, wie Riesenskorpione und Steine, die auf mich fallen, mich jedoch nicht töten. Die einzigen Menschen, die dies nicht kümmerte, waren diejenigen, die den Namen Gottes auf ihrer Stirn geschrieben hatten. Deshalb fragte ich Laura: „Wie bekomme ich den Namen Gottes auf meine Stirn geschrieben?" Sie sagte: „Sobald du anfängst, in Zungen zu reden, wird er dort oben geschrieben stehen."

Ich fing an dieses „Zungenzeug" wirklich zu wollen. Ich wollte, dass Gottes Name auch auf meiner Stirn geschrieben stand. Am nächsten Abend brachten uns Leute wie Jean Stone, John und Joan Baker sowie Bruder (Pastor) und Schwester Smith alte Pfingstlieder bei. Sie waren das, was wir Charismatiker nannten. Es waren Episkopale, Lutheraner und Katholiken, die, obwohl sie den Heiligen Geist empfingen, in ihren Kirchen blieben. Baker fragte mich, ob ich die Taufe empfangen wolle. „Du meinst das Zungenzeug?", fragte ich. Er bejahte es. Ich sagte: „Ja!" Also bekam ich es nun und war überglücklich.

Einen Monat nach meiner Taufe kamen die Azusa-Street-Leute immer wieder bei mir vorbei und sagten: „Bruder Tommy, wir haben den Eindruck, dass Gott uns zeigt, dass du der Eine bist."

Ich schaute Schwester Carney an. „Der Eine was?"

„Der Eine, dem wir unsere Geschichten erzählen sollen."

„Ich bin ein Geschichtenerzähler", sagte ich. „Ich bin das, was man unter den Cherokees einen ‚Hüter' nennt. Wir bewahren die Familiengeschichte und können dir berichten, was und wann etwas geschehen ist. Ich liebe Geschichten."

Sie sagten: „Unsere Geschichten drehen sich um die Azusa Street."

„Oh, Bruder Seymour?"

„Du hast schon von ihm gehört?", fragten sie mich.

„Ja", sagte ich. „Meine Mama sprach über ihn." Einige der Heilungsevangelisten hatten über die großartige Azusa-Street-Erweckung gesprochen, wo Wunder geschahen.

Ich war gerade mal 17 Jahre alt, als ich anfing, mich zu den alten Heiligen der Azusa Street zu setzen und ihnen zuzuhören. Jahrelang hörte ich mir Monat für Monat immer wieder ihre Geschichten an, bis sie entweder starben oder ich von dort wegging. Ich besuchte sie in ihren Wohnungen oder wo sie sich sonst aufhielten. Bis auf ein paar lebten alle dieser Heiligen auf dem Pisgah-Gelände. Obwohl ich manchmal mehrere Stunden lang mit ihnen zusammensaß, wurde es mir nie langweilig, diesen großartigen Heiligen der Azusa Street zuzuhören, wenn sie mir ihre Erinnerungen an diese unglaubliche Bewegung Gottes mitteilten und wie Gott sie als bereitwillige und treue junge Menschen in der Azusa Street gebraucht hat.

Mir war damals nicht bewusst, wie viele Leute vor mir schon gerne diese Geschichten gehört hätten, unten ihnen zum Beispiel Demos Shakarian, Tommy Hicks oder David du Plessis, aber sie erzählten sie diesen nicht. Sie sagten: „Gott wird uns den Einen schicken, dem wir unsere Geschichten erzählen werden." Und dieser Eine war ich. Diese Geschichten bewahrte ich mehr als vierzig Jahre lang in meinem Kopf.

Die Prophetien werden Wirklichkeit

Die 100-Jahre-Prophetie

Irgendwann im Jahr 1910 stand William Seymour auf der Bühne einfach auf, nahm die Schuhschachtel von seinem Kopf und fing an zu prophezeien und sagte, dass es in etwa hundert Jahren eine weitere Erweckung wie die der Azusa Street geben werde. Nur, dieses Mal sei es nicht auf einen bestimmten Ort begrenzt, sondern werde sich über die ganze Erde verbreiten. Die Schechina-Herrlichkeit und die Wunder würden zurückkehren. Diese Erweckung werde nicht von Pastoren oder einer Person getragen, sondern vom ganzen Leib Christi. Diesmal werde die Erweckung erst enden, wenn der Herr wiederkommt.

Seymour wiederholte diese Offenbarung mehrere Male. Jeder der Heiligen erzählte Tommy von dieser Prophetie.

An der gegenüberliegenden Küste Amerikas, in New York, stand laut der Enkeltochter von Charles Parham, dieser eines Tages auf und verkündete mit fast genau den gleichen Worten dieselbe Prophetie. Dieses geschah, kurz nachdem Seymour es prophezeit hatte. Beide betonten, diese neuzeitliche Ausgießung des Heiligen Geistes werde die Ausgießung der Apostelgeschichte, der von Topeka und der Azusa Street, weitaus übertreffen.

Das ist ein Grund zum Feiern, da wir in der jetzigen Zeit am Leben sind und die hundert Jahre nun vorbei sind!

Hinsichtlich der Aussage Jesu in Lukas 10,24 sind die Propheten und Könige neidisch darauf, dass wir eine solche Ausgießung des Geistes erleben dürfen: „Denn ich sage euch, dass viele Propheten und Könige begehrt haben, zu sehen, was ihr seht, und haben es nicht gesehen, und zu hören, was ihr hört, und haben es nicht gehört."

Die Prophetie über die einhundert Jahre ist dabei, sich zu erfüllen, wie Sie es in Kapitel 18 „Manna von heute: Aktuelle Wunder" nachlesen können. Das Erzählen dieser Geschichten hat die nächste mächtige Bewegung Gottes ausgelöst, und es erfüllen sich somit die Prophetien, die vor Jahrzehnten über Tommy ausgesprochen wurden.

William M. Branhams Prophetie über Tommy im Jahr 1960

Kurze Zeit später, nachdem ich die Taufe im Heiligen Geist empfangen hatte, war ich auf einer Veranstaltung der „Geschäftsleute des vollen Evangeliums", die von einigen hundert Menschen in der *Clifton Cafeteria* in der Innenstadt von Los Angeles besucht wurde. Branham war der Gastsprecher an diesem Abend. Ich wollte, dass er mich anschaute, also sagte ich, als er an mir vorbeiging: „Preist den Herrn, Bruder Branham." Ich wollte, dass Branham mich dieses Mal ansah. Ich hatte keine Angst mehr vor ihm, da ich nun denselben Heiligen Geist hatte wie er. Er blieb stehen, schaute mich an und ging dann weiter.

Nachdem er etwa einen Schritt gemacht hatte, drehte er sich um, zeigte mit seinem Finger auf mich und sagte: „Du bist der Eine."

Ich sagte: „Ja."

Später dachte ich: „Moment mal, der Eine was?"

Ich hatte keine Ahnung von dem, was er gemeint hatte. Dies geschah an einem Sonntag. Am darauffolgenden Montag fingen die Heiligen an, mir ihre Geschichten zu erzählen.

Einleitung

Tommy Hicks Prophetie über Tommy im Jahr 1961

In der Zeit als ich in Pisgah lebte, traf ich Tommy Hicks, einen 1,60 m großen Assembly-of-God-Prediger. Vor 1950 hatte er nicht die leiseste Ahnung davon, wo Argentinien auf der Landkarte lag. Doch er war es, den Gott 1950 nach Argentinien rief und der die mächtige Erweckung in diesem Land auslöste. Tommy Hicks war auch derjenige, der Juan Peron, den Präsidenten von Argentinien, zum Glauben führte. Inzwischen ist Argentinien eine Assembly-of-God-Nation.

Ich traf ihn, als ich in Pisgah lebte. Eines Tages machten wir in der Nähe des „Rose Bowl"-Stadions einen Spaziergang und er erzählte mir von seiner immer wiederkehrenden Vision. Ein Berg, der die Gemeinde repräsentierte, war am Schmelzen, und ein Fluss fing an, aus dem Berg herauszufließen. Von Zeit zu Zeit stand ein Riese aus diesem Fluss auf. „Nenne sie Riesen oder Generäle. Ich nenne sie Riesen", sagte er.

Ich sagte: „Okay."

Schließlich sagte er: „Tommy, in vielen Jahren wirst du ein solcher Riese sein." Ich war verlegen. Auch wenn ich schon 19 Jahre alt war, wurde ich immer noch verlegen. Ich war halt nur ein einfacher Junge vom Lande aus Oklahoma.

Ich antwortete: „Also, das wirst du sein und Shakarian und Smith und Branham und Roberts und …"

„Hör auf", sagte er. „Bruder Tommy, nimm diese Sache ernst und höre mir zu. Wir werden nicht mehr hier sein, aber du wirst es sein."

Ich verstand nicht, dass die Dinge, von denen er sprach, vierzig Jahre später passieren sollten.

Jean Darnells Prophetie über Tommy im Jahr 1966, dem sechzigsten Jubiläum der Azusa Street

Jean Darnell war nach Aimee Semple McPherson Pastorin des „Angelus Temple". Eines Tages kam sie ins Büro der Zeitschrift „Herald of Hope" (Verkündiger der Hoffnung) in Pisgah, in dem ich arbeitete, und sagte: „Bruder Tommy, ich habe ein Wort vom Herrn für dich."

„Der Herr zeigt mir, dass du eines Tages all diese Geschichten, die dir die Heiligen der Azusa Street erzählt haben und welche du dir ins Gedächtnis eingeprägt hast, in einem Buch zusammenstellen wirst."

Ich bedankte mich für ihre freundlichen Worte, dachte darüber nach und bewahrte sie in meinem Herzen. Ich bin nicht einer von denen, die versuchen, Gottes Prophetien selber in Erfüllung zu bringen. Wenn es über mir prophezeit wurde, dann vergesse ich es nicht. Ich vergesse es nie, aber überlasse es Gott, sich darum zu kümmern.

„Sei geduldig und gehorsam"

Ich habe Jesus schon zweimal gesehen. Das letzte Mal war, als ich mich 1963 einmal in meinem Lieblingsversteck, hoch oben auf dem Dachboden der Kirche befand. Auf dem ganzen Gelände von Pisgah hatte ich meine Verstecke, die ich nutzte, wenn ich allein sein wollte. Das einzige Licht war das meiner Taschenlampe. Ich sehnte mich danach, Jesus zu begegnen, und hatte von David du Plessis gelernt, einfach anzufangen, den Namen „Jesus" zu flüstern.

Ich dachte ich hätte es nur fünf oder sechs Mal geflüstert, als plötzlich der Wecker, den ich auf zwei Stunden später eingestellt hatte, klingelte. Ich schaltete ihn aus und erstarrte. Plötzlich war es taghell. Ich schaute auf meine Taschenlampe, doch sie war nicht an. Sie hätte sowieso nicht so viel Licht geben können, und ich dachte: „Das Licht, das Licht, Jesus!"

Ich hob meinen Blick und sah die schönsten Sandalen. Ich hatte noch nie zuvor von jemandem gehört, dass er Jesus in Sandalen gesehen hätte. Er trug diese wunderschönen, mit Juwelen besetzten Sandalen, und ein Gewand, das ich nicht wirklich beschreiben kann. Es war weiß wie Schnee. Man konnte jedoch feine goldene Fäden und winzig kleine Juwelen erkennen. Es war ein wunderschönes Gewand und das allerschönste Stück, welches ich jemals gesehen hatte.

Ich schaute hoch, und es war Jesus. Ich sprang auf, ergriff ihn an seiner Hüfte, umarmte ihn stürmisch und legte meinen Kopf an seinen Bauch. Ich wollte meinen Herrn nicht mehr gehen lassen.

Ich spürte, wie seine Hand meinen Hinterkopf streichelte, während er zu mir sagte: „Tommy ... sei geduldig und gehorsam." Immer wieder sagte er: „Sei geduldig und gehorsam."

Weil ich genoss, wie er kontinuierlich meinen Hinterkopf streichelte, hörte ich ihm weiterhin zu. Plötzlich war es draußen taghell. Ich glaube, er hat mich einfach in den Schlaf geredet, weil ich ihn sonst nicht wieder losgelassen hätte. Es war wohl die einzige Möglichkeit mir zu entfliehen. Ich wollte ihn nicht mehr loslassen.

„Was hat es mit diesem Erlebnis auf sich?", fragte ich mich. Wenn ich dann später jemandem die Geschichten von den Heiligen erzählen wollte, hörte ich immer seine Worte: „Tommy, sei geduldig und gehorsam."

Bis zum Jahr 2006 (einhundert Jahre nach dem Beginn der Azusa-Street-Erweckung) war ich nicht in der Lage, auch nur eine dieser Geschichten zu erzählen. Und dann, ganz plötzlich, war es wie ein Feuer in mir. Ich musste sie einfach erzählen. So entstand das erste Buch.

Ich traf eine Frau namens Lynn Kellog, die mit Billye Brims Dienst in Verbindung steht. Sie hatte als junge Hollywood-Schauspielerin in einigen Elvis-Filmen mitgespielt. Jetzt lebt sie oben auf dem „Prayer Mountain" (Gebetsberg) und singt nichts anderes als patriotische Lieder und Gospels.

Als sie eines Tages an mir vorbeilief, sagte ich zu ihr: „Hallo Lynn. Wie geht es dir?"

Sie blieb stehen, schaute mich an und fing an zu weinen.

„Lynn, stimmt etwas nicht?", fragte ich sie.

Sie erwiderte: „Bruder Tommy, ich habe den Eindruck, dass du noch nicht alle Geschichten erzählt hast."

„Du hast recht", sagte ich.

Sie ließ mich wissen, dass ich nicht mehr jünger werden würde und anfangen müsse, die restlichen Geschichten zu erzählen. Ich glaube, Gott war der gleichen Meinung, denn als ich im Jahr 2010 eigentlich hätte sterben sollen, tat ich es nicht. Es gibt noch weitere Geschichten, die ich jetzt in diesem zweiten Buch erzählen werde.[1]

---

[1] In das vorliegende Buch wurden auch die Geschichten aufgenommen, die im ersten Buch enthalten waren (Anmerkung des Herausgebers).

Kapitel 1

Code 4

Meine Frau wollte, dass ich mich wegen meines Bluthochdrucks und dem extremen Übergewicht untersuchen lasse. Ich wog um die 136 kg, wollte aber auf niemanden hören.

An einem Freitagabend im September 2010 fühlte ich mich nicht besonders gut. Weil es mir auch das ganze Wochenende hindurch nicht besserging, nahm ich mir für Montag vor, Dr. Brown, meinen Hausarzt, zu besuchen. Am Montag hatte ich dann Schmerzen in meinem linken Arm, weshalb ich mich gleich auf den Weg zu Dr. Brown machte. Leider hatte seine Praxis geschlossen und war ins ca. drei Kilometer entfernte „Integris-Krankenhaus" umgezogen. So stieg ich wieder in meinen Wagen und fuhr die Mustang Street entlang. Ich fühlte mich so schlecht, dass ich, als ich ein Schild zu einer Notfallambulanz sah, nicht einmal mehr versuchte, Dr. Brown zu erreichen, sondern sofort dort hineinfuhr, ausstieg und in die Ambulanz taumelte. Ich setzte mich, schaute einen Mitarbeiter an und sagte: „Junger Mann, junger Mann, bitte."

„Was kann ich für Sie tun, mein Herr", sagte er.

„Ich brauche einen Arzt, eine Krankenschwester oder dergleichen! Bitte!" Er ging und kam mit einer Krankenschwester wieder. Ich konnte nur noch wie durch einen Schleier erkennen, dass sie mich anschaute, dann wurde ich bewusstlos.

Als ich wieder zu mir kam, war bereits ein Rettungswagen und die Feuerwehr da. „Mr. Welchel, Sie haben gerade drei Herzinfarkte." „Ist das möglich?", fragte ich.

Der Feuerwehrmann antwortete: „Ja!"

„Gut, hey Leute, kann ich nicht einfach selber ins Krankenhaus fahren?"

„Guter Mann, Sie verhalten sich jetzt einfach still und bleiben, wo Sie sind. Nicht Sie sind hier verantwortlich, sondern wir. Sie haben gerade einen mehrfachen Herzinfarkt. Wenn wir Sie nicht schleunigst ins Krankenhaus bringen, werden sie sterben!"

„Ach du liebe Zeit", erwiderte ich. Ich hörte, wie der Feuerwehrmann ins Funkgerät brüllte: „Code Vier! Schließt alle Ausfahrten auf der I-40 und der I-44 zum Baptisten-Krankenhaus. Wenn wir nicht in fünf Minuten dort sind, wird dieser Mann nicht überleben." Erneut dachte ich: „Ach du meine Güte."

Ich zog mein Telefon heraus und rief meine Frau an. „Hallo?", sagte sie.

„Marlene? Hör gut zu. Hörst du den Krankenwagen? Ich bin auf dem Weg ins Krankenhaus."

„Was ist los?"

„Ich habe einen Herzinfarkt", sagte ich ihr.

Marlene rief Billye Brim an und erzählte ihr, was passiert war. Billye antwortete ihr: „Nein, ich brauche Tommy. Der Leib Christi braucht Tommy! Er ist wie der Rufer in der Wildnis. Er ist derjenige, der uns die Geschichten und die Ermutigung übermitteln soll, um uns aus dem Schlaf zu reißen, und damit wir verstehen, was wir tun müssen. Marlene, wir werden Tommy nicht gehen lassen und müssen ins Gebet gehen."

Marlene erzählte, dass Billye ungefähr zwanzig Minuten lang betete und dass sie spüren konnte, dass die Salbung über das Telefon kam. Ungefähr ein Dutzend Leute beteten auf dem Gebetsberg.

Auf Billyes Gebetshotline erreichte ich Mike. Sie alle erkannten meine Stimme, und ich sagte „Mike?"

Er sagte: „Hallo Bruder Tommy, wie geht es dir?"

„Hör zu, ich brauche Gebet. Ich habe gerade einen Herzinfarkt. Ich bin auf dem Weg ins Krankenhaus. Wenn Gott nicht eingreift, werde ich heimgehen. Mal sehen, was Gott tun wird, denn ich möchte, dass sein Wille geschieht."

„Tommy, ich habe dich auf den Lautsprecher gestellt", sagte er. „Alle hier Anwesenden stehen im Gebet für dich ein. Einige von ihnen stehen sogar auf ihren Schreibtischen und beten für dich."

„Danke", erwiderte ich. „Das brauche ich jetzt".

Nachdem ich aufgelegt hatte, verlor ich für zwei Wochen das Bewusstsein. Ich kann mich weder daran erinnern, wie ich in das Krankenhaus kam, noch dass meine Tochter mit mir redete oder dass meine Frau einige Tage später ankam. Ich kann mich an überhaupt nichts mehr erinnern. Ich war vollkommen ohne Bewusstsein.

Als ich wieder zu mir kam, zeigte mir der Arzt anhand eines Schaubildes, was mit mir geschehen war. „Die beiden Arterien, die in Ihr Herz hineingehen, sowie die beiden Arterien, die von Ihrem Herzen wegführen, waren verschlossen. Es ging weder Blut in Ihr Herz hinein noch heraus. Wir haben noch nie erlebt, dass jemand einen solchen Herzinfarkt und eine vergleichbare Bypass-Operation überlebt hat."

„Warum lebe ich dann noch?", fragte ich ihn. In diesem Moment neigte sich der Blick des Arztes.

Mit Tränen in den Augen schaute er mich wieder an und sagte: „Wir wissen es nicht, Herr Welchel. Es ist ein Wunder."

In Wahrheit wäre ich lieber im Himmel als immer noch hier. Schon dreimal war ich dort, wie ich später in diesem Buch noch näher beschreiben werde. Aber als ich so in diesem Krankenhaus lag, dachte ich mir: „Ich habe noch nicht alle Geschichten veröffentlicht, oder, Herr?"

Es gibt noch weitere Geschichten, die ich zu erzählen habe. Menschen werden mich fragen, warum ich nicht bereits beim ersten Mal alle meine Geschichten erzählt habe, jedoch gebe ich nur das weiter, wozu mich der Heilige Geist beauftragt.

Man nennt mich „die letzte lebende Verbindung zur Azusa Street". Ich nehme an, dass dies der Grund ist, warum ich leben soll: um weitere Geschichten zu erzählen und Gottes Volk zu ermutigen.

Kapitel 2

Die Entstehung der Azusa Street

Wir begrüßen Schwester Carney und Bruder Seymour
Alter, als sie zur Azusa Street kamen: 17 und 36

~~~~~~~~~

Die Polizeibeamten warnten uns freundlich: „Entweder Sie hören damit auf oder mieten sich anständige Räumlichkeiten wie eine normale Kirche oder einen Vortragssaal. Ihr seid einfach zu groß geworden, um in einem privaten Haus weiterzumachen." Das besagte Haus befand sich in der Bonnie Brae Street in Los Angeles, und der Mann, den der Polizeibeamte verwarnte, war William Seymour.

Die Erweckungsveranstaltungen, die dort abgehalten wurden, fingen als kleine, von William Seymour geleitete Treffen an. Inzwischen standen die Leute auch im Vorgarten, in den Gärten der Nachbarn und sogar auf der Straße, während Bruder Seymour von der Veranda dieses kleinen Häuschens aus predigte.

Die Bonnie Brae Street platzte nicht nur aus allen Nähten, sondern die Kraft Gottes war bis zum Beverly Boulevard, der einen Häuserblock entfernt war, zu spüren. Ahnungslose Menschen, welche die Straße überquerten, fielen durch den Heiligen Geist zu Boden und fingen an in Zungen zu reden, ohne zu wissen, was mit ihnen geschah. Es war das Jahr 1906, und da die Pferde ihre Wagen nicht über die auf der Straße liegenden Menschen ziehen wollten, ergab sich ein für diese Zeit typischer Stau.

William Seymour war von einer Gemeinde in Los Angeles eingeladen geworden, von Houston zu ihnen zu kommen und ihr Pastor zu werden. An einem Sonntagmorgen hielt er seine erste Predigt über den Heiligen Geist. Als er abends wiederkam, um erneut zu predigen, war die Tür mit einem Vorhängeschloss verriegelt. Eine Notiz informierte ihn darüber, dass er gefeuert war. Sie wollten mit diesem merkwürdigen Zeug nichts zu tun haben.

Mr. Asbury war ein Mitglied dieser Gemeinde. Er kam zu Seymour und sagte: „Ich wusste, dass sie dies tun würden. Aber ich habe ich ein Haus in der Bonnie Brae Street. Von dort aus kannst du predigen." Zufälligerweise waren die Asburys auch ein Teil von Frank Bartlemans Gebetsgruppe, die für Erweckung betete.

Als sich die Menge von Tag zu Tag vergrößerte, wurde Bruder Seymour bewusst, dass er einen viel größeren Versammlungsort brauchte. Auf der Suche danach fand er eine leerstehende Lagerhalle, die sogar schon einmal von einer Methodisten-Gemeinde genutzt worden war. Die Lagerhalle war perfekt, und das Einzige, was Seymour davon abhielt, sie zu mieten, war das Geld.

An jenem Abend lag die Notwendigkeit umzuziehen schwer auf Seymours Herzen. Er bat Gott um Weisung, und noch am selben Abend empfing er die Antwort. Gott gab ihm den Auftrag, nach der Veranstaltung eine Straßenbahn nach Pasadena zu nehmen. Es gab allerdings ein Problem. Um Gottes Auftrag zu erfüllen, musste Seymour das Gesetz brechen – das Sonnenuntergangs-Gesetz, welches den farbigen Menschen untersagte, sich nach Sonnenuntergang auf den Straßen von Pasadena aufzuhalten.

Um Gottes Führung gehorsam zu sein, argumentierte Seymour nicht, sondern vertraute. Er fuhr mit der Straßenbahn, bis Gott ihn anwies, auszusteigen. Dann folgte er Gottes Anweisungen, die ihn zu einer nahegelegenen Wohnung führten,

Schwester Carney, die schon verheiratet, aber noch ein Teenager war, war am selben Tag in Pasadena eingetroffen. Sie wollte sich mit einigen ihrer Freunde treffen, die Mitglieder der Ersten Baptisten-Gemeinde gewesen waren. Sie sehnten sich nach der Taufe im Heiligen Geist, die jedoch irgendwie nicht in die Lehre der Baptisten passte. Schon seit Monaten trafen sie sich jetzt in der Wohnung eines Mitglieds ihrer Gruppe. An diesem besagten Abend kamen sie zusammen, um für Erweckung zu beten. Sie waren davon überzeugt, dass Gott etwas Großes in der Gegend von Los Angeles tun wollte.

Um etwa 22.30 Uhr führte Gott nach stundenlangem Gebet zwei Elemente einer Kraft zusammen, durch die eine der großartigsten Manifestationen Gottes herbeigeführt wurde, welche die Menschen seit der Geburt Jesu erlebt haben.

Seymour ging zu der Wohnung, zu der Gott ihn geführt hatte und klopfte an die Tür. Verwundert gingen die Frauen zusammen zur Tür und öffneten sie. Vor ihnen stand ein schwarzer Mann, der auf einem Auge blind war. Doch anstatt die Tür zuzuschlagen und die Polizei zu rufen, was angesichts der damaligen Zeit durchaus angebracht gewesen wäre, fragte ihn die Wohnungsbesitzerin nervös: „Kann ich Ihnen helfen?"

Die Antwort auf diese so einfache, besorgte Frage erschreckte und erstaunte diejenigen, die hier zum Gebet versammelt waren. Nachdem sie nun schon mehrere Monate lang inbrünstig gebetet hatten, antwortete Gott auf eine ungewöhnliche Art und Weise.

Seymour fragte: „Ihr betet für Erweckung, ist das richtig?" Als die Frauen einstimmig mit einem „Ja" antworteten, machte Seymour eine kühne Aussage: „Ich bin der Mann, den Gott gesandt hat, um der Prediger dieser Erweckung zu sein."

Ohne zu zögern, baten ihn die Frauen hereinzukommen. Die Gebetsveranstaltung an diesem Abend mit all den Anwesenden war kein Zufall. Gott hatte viele für das Wunder der Azusa Street vorbereitet. Ohne dieses von IHM arrangierte Treffen, hätte Azusa vielleicht niemals stattgefunden. Nachdem sie ganz aufgeregt miteinander geplaudert hatten, predigte er zu ihnen und nahm ein Opfer ein, das mehr als genug war, um die Azusa-Lagerhalle zu mieten.

An dieser Stelle ist es sehr wichtig zu verstehen, welche Rolle Schwester Carney darin gespielt hat, die Erweckung der Azusa Street zu verwirklichen.

Um die vorletzte Jahrhundertwende herum heirateten viele junge Mädchen im Alter von vierzehn Jahren, wenn sie die achte Klasse, was damals dem gängigen Schulabschluss entsprach, hinter sich hatten. Schwester Carney war eine dieser jungen Bräute. 1903 heiratete sie in einer arrangierten Ehe einen neunzehnjährigen Mann, nachdem dieser seine Ausbildung beendet und eine Arbeit gefunden hatte.

Während sie 1904, im Alter von fünfzehn Jahren, Gottesdienste in Pisgah, über das Sie später noch mehr erfahren werden, besuchte, öffnete sich Schwester Carney für Dr. Yoakums Lehre über das Erfülltsein mit dem Heiligen Geist, das zum Zungengebet führt. Sie war eine der Ersten, welche die Taufe im Heiligen Geist empfingen.

Ihre Liebe für den Herrn und ihr Wunsch, anderen dieses aufregende Erlebnis, mit dem Heiligen Geist erfüllt zu werden, bekanntzumachen, führte sie nach Pasadena. Dort gab sie bei einigen ihrer Freunde, die Mitglieder der dortigen Baptistengemeinde waren, Zeugnis. 1906 bat man diese Frauen wegen ihrer Überzeugungen, die Baptistengemeinde zu verlassen. Ohne dass sie es wussten, bereitete Gott die Bühne für ein übernatürliches Werk des Heiligen Geistes vor.

~~~~~~~~~~

Als ich Schwester Carney in den frühen 1960er-Jahren traf, war sie in ihren Siebzigern, ungefähr 1,75 m groß und mit knapp 60 kg eher schlank gebaut. Sie war eine typische Oma, mit einem aus grauem Haar bestehenden Pfingstknoten. Sie ging langsam, mit kleinen Schritten, und hatte immer ein angenehmes Lächeln auf ihren Lippen. Sie sah älter aus und hatte ein spitzes, kleines Kinn, und wenn sie lächelte, sanken gewissermaßen ihre Lippen ein wenig ein. Sie trug noch immer diese blumigen Kleider, die man um die vorletzte Jahrhundertwende getragen hatte. Und ja, sie trug auch diese Omastiefeletten – kleine Stiefel mit Haken und Ösen.

Etwa alle drei Wochen ging ich abends zu Schwester Carneys Wohnung. Wenn ich näherkam, konnte ich schon das verlockende Aroma von frisch gebackenen Schokoladenkeksen riechen, die auf mich warteten. Ich setzte mich auf einen kleinen Teppich zu ihren Füßen vor ihren hölzernen Schaukelstuhl. Während ich ihre Kekse aß und ein Glas kalte Milch trank, hörte ich ihr zu, wie sie ihre Geschichten über Azusa erzählte, wie jene am Anfang dieses Kapitels. Schwester Carney war eine meiner liebsten Geschichtenerzählerinnen, weil sie die Geschichten der Azusa Street detaillierter als alle anderen wiedergeben konnte. Jeder schätzte das an ihr. Obwohl sie normalerweise eine etwas hohe Stimme hatte, war diese, wenn sie ihre Geschichten erzählte, beruhigend, aber doch mit einer nun schon mehr als sechzig Jahre anhaltenden Begeisterung erfüllt.

Als die Erweckung der Azusa Street anfing, war Schwester Carney siebzehn Jahre alt. Genau genommen war sie von dem Tag an dabei, als sie das Geld für die Miete einsammelten, über den Tag, als sie das Gebäude das erste Mal betraten, um es zu säubern, bis zu dem Tag, an dem sie das Gebäude wieder aufgaben. Neben dem Geld, das Seymour von Schwester Carney und ihren Freunden für die Miete gesammelt hatte, brauchte die alte und schäbige weiße Lagerhalle noch viel tatkräftige Arbeit, um wirklich in Gebrauch genommen werden zu können. Sie und ihre Freunde aus der Wohnung schlossen sich mit der Bonnie-Brae-Gruppe zusammen, um das schmutzige und unordentliche Gebäude zu einem Versammlungssaal umzugestalten. Sie entfernten alles mögliche Gerümpel, welches sich über die Jahre angesammelt hatte. Die Lagerhalle hatte zeitweise sogar als Stall gedient und viele Arten von Tieren beherbergt. Ist es nicht interessant, dass sich Gott nach fast 2000 Jahren wieder einen bescheidenen Ort als Wohnung für seine Gegenwart wählte?

Schwester Carney erinnert sich, dass Bruder Seymour jedem der Helfer einen Bereich zuwies, in dem er die Berge von Tierkot entfernen sollte. Mit einem warmherzigen Lächeln erzählte sie, wie dankbar sie für die Aufgabe gewesen war, den Bereich der Ziegen mit ihren kleinen Kötteln zu reinigen, anstatt den Mist der Pferde oder der Rinder säubern zu müssen.

Nachdem das Lagerhaus gereinigt war, stellten die ehrenamtlichen Helfer weggeworfene Holzkisten zusammen, die sie hinter den Gemüseläden in der Nähe gefunden hatten. Dann legten sie Bretter über die Kisten, damit diese als Bänke im Versammlungsraum nutzbar waren. Mit nur dürftigen Mitteln, aber großem Einfallsreichtum, arbeiteten diese Helfer Seite an Seite, bis der Raum entsprechend Gottes Wünschen genutzt werden konnte. Glücklicherweise hatte Gott ihnen einen Ort bereitgestellt, der groß genug war, um die zu erwartenden Veranstaltungen durchführen zu können.

Während einer unserer Montagabendtreffen fragte ich Schwester Carney: „An welches Wunder kannst du dich erinnern, das durch dich geschehen ist?" Sie lächelte, und ihre Lippen sanken ein wenig ein, als die Begeisterung aus ihr hervorsprudelte. „Es war die Ehefrau, die ihren Mann mit einer anderen Frau erwischt hatte. Sie hatten sich daraufhin gestritten, und die Ehebrecherin hatte ihr das Ohr abgebissen." Schwester Carney lächelte nur, doch ich musste laut lachen. Sie wies mich sanftmütig zurecht und sagte: „Bruder Tommy, es ist nicht witzig, wenn man seinen Mann mit einer anderen Frau erwischt und sich dann so heftig mit ihr streitet, dass die einem das Ohr abbeißt!"

Hier ist die Geschichte, wie ich mich erinnere: Als die Ehefrau den Versammlungsraum betrat, hielt sie einen blutigen Verband an der Seite ihres Kopfes. Schwester Carney bemerkte, dass sie große Schmerzen haben musste und ging zu ihr, um ihr zu dienen. Während sie darauf warteten, dass Seymour nach unten kam und die Veranstaltung anfing, fragte Schwester Carney die Frau, was denn passiert sei, und sie erzählte ihr von dem Streit. Sie sagte ihr, sie habe das Ohr nicht bei sich. Schwester Carney packte den Verband und zog ihn nach unten, um sich die Wunde genauer anzusehen. Sie sah buchstäblich wie ein blutiges rohes Stück Fleisch aus.

Ohne zu zögern, fing sie an für die Frau zu beten. Nachdem sie für sie gebetet hatte, sagte die Frau, die Schmerzen seien verschwunden. Schwester Carney schaute sich die Wunde noch einmal an, und zu ihrer Verwunderung begann direkt vor ihren Augen ein nagelneues Ohr herauszuwachsen. Mit offenem Mund saß Schwester Carney da und rief einfach nur: „O mein Gott!"

Dies war nicht das erste Wunder, welches Schwester Carney miterlebte, aber es war das erste, bei dem Gott durch ihre eigenen Gebete gewirkt hatte. Als sie mir die Geschichte erzählte, gab sie diese wieder, als wäre das Wunder erst am vorherigen Abend passiert.

Ich fragte Schwester Carney nach weiteren Wundern, die sie bezeugen könne oder an denen sie beteiligt war. Lächelnd und mit funkelnden Augen erzählte sie von den mächtigen Werken Gottes. Gemäß Schwester Carney wurden aus den umliegenden Krankenhäusern viele Menschen herbeigeschafft, die in Rollstühlen saßen und auf Feldbetten lagen. Noch bevor Bruder Seymour nach unten kam oder während er noch mit seiner Schuhschachtel auf dem Kopf dasaß, gingen Schwester Carney und die anderen zu den Kranken und Verkrüppelten, um für sie zu beten, und sie empfingen ihre Heilung. Für diejenigen in den Rollstühlen klappten sie und die anderen die Fußstützen zur Seite, beteten für sie und beobachteten dann, wie diese Menschen losliefen und die leeren Beweisstücke für ihre vorherige Behinderung wegschoben.

Schwester Carney erinnerte sich an einen Mann, der durch die Parkinsonkrankheit so sehr zitterte, dass er in einem Rollstuhl sitzen musste. Sie ging zu ihm hin und schaute ihn einfach nur an. „Willst du denn überhaupt nicht für ihn beten?", wurde sie von seiner Familie gefragt. Sie antwortete: „Wenn ich so weit bin." Schwester Carney erzählte mir, dass sie in Wahrheit auf eine Möglichkeit wartete, seinen Kopf ergreifen zu können, da er so heftig zitterte.

Sie konnte sich daran erinnern, dass er Mitte dreißig und ein noch attraktiver Mann gewesen war. Schließlich nahm sie seinen Kopf in ihre Hände, aber erst, nachdem sie die Fußstützen weggeklappt hatte. Dies wurde als die „Carney-Regel" bekannt – um Glauben zu demonstrieren, mussten die Fußstützen eines Rollstuhls vor dem Gebet weggeklappt sein! Sie ergriff also seinen Kopf und nahm Autorität über die Krankheit, indem sie ihr befahl, in Jesu Namen zu gehen.

Der Mann fing an, sich zu beruhigen. Bald schon war er von seinem Rollstuhl befreit und tanzte umher! „Hast du mit ihm getanzt?", fragte ich sie. Sie antwortete: „Ich war eine verheiratete Frau." „So meine ich das nicht", sagte ich. „Hast du auch getanzt?" „Ja, aber nicht mit ihm." Ich lächelte sie an.

Eine dieser „Rollstuhlheilungen" blieb in besonderer Weise in Schwester Carneys Erinnerung. Ein Mann hatte schwere Schienen an seinen Beinen und war schon seit Jahren nicht mehr gelaufen. Sie konnte sich daran erinnern, dass die Räder seines Rollstuhls aus Holz waren. Schwester Carney betete für ihn und er wurde übernatürlich geheilt. Sein Name war Bruder Aubrey, er war Pastor einer großen Gemeinde in Los Angeles. Ich lernte ihn sogar kennen, da er ab und zu nach Pisgah kam, um seine wunderbare Schwester Carney zu besuchen.

Während einer seiner Besuche in Pisgah in den 1960er-Jahren erzählte Bruder Aubrey seine Version dieses Heilungswunders. Schwester Carney hatte kein einziges Wort zu dem Kranken gesagt. Sie war einfach nur zu ihm hingegangen, hatte die Fußstützen weggeklappt, erst den einen und dann den anderen seiner Füße auf den Boden gestellt. Wie gesagt, waren seine Beine mit sehr schweren Schienen versehen.

Als Nächstes sagte sie ihm, er solle aufstehen und gehen, doch Aubrey erwiderte, er könne das wegen der schweren Schienen nicht tun. Daraufhin bat Schwester Carney seine Angehörigen, ihm diese Schienen abzunehmen, sodass er gehen könne. Sie taten es, und er ebenfalls. Er stand auf und ging.

Ich war verblüfft über diese Geschichte und fragte Schwester Carney, für wie viele Wunder Gott sie persönlich gebraucht habe. Sie sagte mir, Gott habe sie beschenkt, indem er an den drei bis vier Tagen in der Woche, an denen sie anwesend war, sie zwei- bis dreimal am Tag gebrauchte. Sie können selbst nachrechnen. Das sind sechs bis zwölf Wunder in der Woche, und dies über einen Zeitraum von dreieinhalb Jahren.

Unsere Gespräche wechselten von den Wundern, die Gott durch die treuen Heiligen tat, zu dem Unterschied in der Art der Wunder, wenn Bruder Seymour predigte. Schwester Carney sagte, dass es noch viel größere Wunder gab, wenn Bruder Seymour nach unten kam. Seymour folgte nie einem festen Schema, vielmehr kam er nach unten und stülpte sich eine Schachtel über den Kopf. Er nahm die Schachtel nur herunter, wenn Gott ihn dazu anhielt. Dann stand er auf und tat, was Gott ihm gesagt hatte.

Manchmal ging er zu einem bestimmten Bereich, wo Rollstühle standen, oder zu einem anderen mit Leuten auf Feldbetten, die aus den Krankenhäusern herbeigetragen worden waren. Sie erzählte, dass Seymour zu ihrem Erstaunen auf diese Menschen zeigte und sagte: „Alle, die sich auf Feldbetten oder in Rollstühlen befinden, ihr seid geheilt in Jesu Namen."

Und alle, die auf einem Feldbett lagen oder in einem Rollstuhl saßen, egal, welche Leiden sie erdulden mussten, standen auf und liefen vollkommen geheilt umher.

Dann wechselte das Thema über die Heilungen von Seymour hin zu seiner Person. Er war blind auf einem Auge und der Sohn von Sklaven. Er hatte Charles Parham in Pasadena, einem Vorort von Houston in Texas, predigen gehört und von ihm einiges über den Heiligen Geist gelernt.

Seymour hatte sich außerhalb des Gottesdienstraumes gesetzt und durch einen Spalt in der Tür zugehört. Wegen seiner Hautfarbe und den Rassentrennungsgesetzen war es ihm nicht gestattet, hineinzugehen und bei den anderen zu sitzen. Aber Seymour ärgerte das nicht. Er saß einfach draußen und hörte zu. Er wollte, was auch immer sie hatten. Und er bekam es.

Schon kurze Zeit später sandte Parham Leute wie John G. Lake und F. F. Bosworth zur Azusa Street, damit sie unter die Salbung von Seymour kamen, bevor sie aufs Missionsfeld gingen. „Geht zur Azusa Street, bevor ihr als Missionare ausreist. Stellt sicher, dass ihr euch Seymour zum Freund macht und sorgt dafür, dass ihr Zeit mit ihm verbringt", beauftragte Parham sie. „Sorgt dafür, dass ihr so viel von seiner Salbung bekommt, wie ihr nur könnt."

Gott liebt die Ironie: Der schwarze Mann, der vor Parhams Tür sitzen musste, wurde zu dem Mann, den alle aufsuchten. Die Welt kam zur Azusa Street.

Die Rassentrennung, die Seymour und leider so viele andere damals erlebten, stand in großem Gegensatz zu dem, was in der gleichen Zeitepoche in der Azusa Street passierte. Die Azusa Street war die erste vollständig integrierte Gemeinde in Amerika. Seymour wurde in dieser Sache schon fast fanatisch. Wenn er von seiner Wohnung oberhalb des Versammlungsraums nach unten kam und sah, dass mehr als zwanzig Leute einer Hautfarbe zusammensaßen, teilte er sie auf. Er tolerierte es nicht und sagte, wir sollten alle eins im Herrn sein.

Er ging sogar so weit zu sagen: Wenn eine Person Christ wird, wird diese eine neue Schöpfung, die zuvor noch nicht existiert hat und zu einer anderen, der christlichen Rasse – gehört. Wir behalten unsere Hautfarbe, gehören aber zur gleichen Rasse. Ehrlich gesagt, haben die Azusa-Heiligen ja, wenn sie mir ihre Geschichten erzählten, nie die Hautfarbe derer erwähnt, die geheilt wurden. Es ist fast, als seien alle „farbenblind" gewesen. Frank Bartleman drückte es so aus: „Die Trennung durch die Hautfarbe wurde durch das Blut gebrochen."

Es war in Houston, in der Gemeinde von Parham, in der Seymour auf Lucy Farrow traf, das Kindermädchen von Parhams Kindern. Allerdings hatte Parham Lucy um sich, um durchaus mehr zu tun, als nur auf seine Kleinen aufzupassen. Die Salbung auf ihr war so stark, dass alle, die sie berührte, augenblicklich anfingen in Zungen zu reden.

Lucy war diejenige, die Seymour nach Los Angeles brachte. Sie wurde schließlich die erste Missionarin, die von der Azusa Street ausgesandt wurde. Ich wollte noch mehr über Seymour erfahren, diesen großartigen Mann, für den ich so viel Ehrfurcht empfand.

Mama Cotton war eine weitere Missionarin, die aus der Azusa Street hervorkam. Sie gründete daraufhin mehr als sechzig Gemeinden im Großraum von Los Angeles. Mama Cotton hatte ein Schofar, und wenn sie es blies, kam die Schechina-Herrlichkeit herab. Wenn Aimee Semple McPherson sie in den „Angelus Temple" einlud, damit sie dort spräche, nahm sie immer ihr Schofar mit.

Sie predigte etwa dreißig bis fünfundvierzig Minuten lang. Dann sagte sie: „Es ist Zeit, dass Gott seine Arbeit tut." Wenn sie dann ihr Schofar blies und die Schechina-Herrlichkeit kam, folgten große Wunder. Seymour wollte, dass jeder, der sich zur Azusa zählte, in seine Nachbarschaft, in seine Stadt und in die Welt hinausging, um das weiterzugeben, was er dort empfangen hatte.

Schwester Carney, die wie eine Schatztruhe voller Informationen war, freute sich darüber, meiner Bitte nachzukommen. Mit der Schachtel auf Seymours Kopf ging ihre Geschichte weiter.

Wenn Seymour nach unten zur Versammlung kam, stülpte er sich, wie schon gesagt, eine Schuhschachtel über den Kopf. Zuerst erschreckte das Schwester Carney. Manchmal saß er nur zehn Minuten lang mit der Schachtel über seinem Kopf da, manchmal eine Stunde oder länger. Auch wenn diese Praxis lächerlich aussah, war Schwester Carney klar, dass er Gott gehorsam war, egal wie verrückt oder albern es auch gewirkt haben muss.

Dieser offensichtliche Akt demütigen Gehorsams führte zu einer gewaltigen Kraft, wenn er die Schachtel entfernte. Und dieser Akt der Demut war entscheidend für die Kraft, die Gott durch Bruder Seymour zum Ausdruck brachte.

Seymour und Schwester Carney wurden Freunde, und nachdem Seymour heiratete, kam Schwester Carney häufig zum Abendessen vorbei. Selbst in einem geselligen Umfeld spürte sie die Salbung auf Seymour. Sie erzählte, dass es sehr angenehm war, in Seymours Nähe zu sein. Er war ein demütiger Mann, der immer ein Leuchten in den Augen, ein Lächeln auf seinen Lippen und eine tiefe, nachhallende Stimme hatte.

Es steht außer Frage, dass seine Salbung von Gott kam. Sie erzählte, dass einen eine Art elektrischer Schlag traf, wenn man Seymour berührte. Der „Strom" war so stark, dass sie fast bewusstlos wurde, als sie ihn das erste Mal in einer Versammlung berührte. Selbst seine Frau Jennie Moore musste nachts häufig das Bett verlassen und sich auf das Sofa legen, da sie ihn während der Nacht nicht berühren konnte, ohne die Elektrizität zu spüren.

Als Bruder Smith, unser Pastor in Pisgah, Schwester Carney nach dem Grund dafür fragte, warum die Wunder in Azusa aufgehört hatten, antwortete sie: „Sie hörten auf, als Bruder Seymour aufhörte, die Schachtel über seinen Kopf zu stülpen. Als er die Schachtel nicht mehr auf den Kopf setzte, wenn er nach unten kam, ging es allmählich zu Ende."

Schwester Carney erzählte, sie habe Seymour gefragt, warum er damit aufgehört habe. Er hatte ihr jedoch keine Antwort darauf gegeben. Mit der Zeit hatte er sehr gelitten, da er wegen der Schachtel immer mehr verspottet und verfolgt wurde, insbesondere, als sein Bekanntheitsgrad wuchs und tausende und abertausende Menschen in den dreieinhalb Jahren zu Azusa kamen.

Michelle, meine Co-Autorin, hatte einen schlüssigen, aber vielleicht auch umstrittenen Gedanken. Sie meinte: „Seymour hörte stets auf Gott und gehorchte ihm. Das war in erster Linie der Grund, warum er überhaupt die Schachtel über seinen Kopf stülpte. Warum sollte er plötzlich damit aufhören? Wenn er sah, dass sich die Herrlichkeit zurückzog – warum hat er dann nicht, so schnell er konnte, die Schachtel zurück auf seinen Kopf getan? Vielleicht aus Menschenfurcht? Aber was ist, wenn Gott ihn angewiesen hatte, die Schachtel nicht mehr über seinen Kopf zu stülpen? Die Herrlichkeit verweilte dort dreieinhalb Jahre lang, also genauso lang, wie der Dienst Jesu auf der Erde dauerte. Vielleicht wollte Gott ja, dass es nur so lange anhielt."

Michelle fuhr fort: „Vergiss nicht, dass viele, wie John G. Lake, zur Azusa Street kamen, um die Salbung zu bekommen. Nachdem sie diese empfangen hatten, gingen sie hinaus auf das Missionsfeld, da sie durch Seymour bestärkt wurden, die Azusa-Salbung in die Welt hinauszutragen. Erweckungen hören auf, aber die Salbung bleibt bei denen, die sie suchen und empfangen."

„Vielleicht hat Seymour ja Schwester Carneys Frage nie beantwortet, weil sie sonst nur noch mehr Fragen gestellt hätte. Fragen, deren Antwort nur Gott wusste." Michelle schlussfolgerte: „Vielleicht war Seymour Gott damit gehorsam, dass er die Schachtel nie wieder auf seinen Kopf tat. Wir werden es wohl nicht erfahren."

Es stimmt. Wir können es nur erahnen. Michelles Äußerung erinnerte mich an eine Unterhaltung, die ich mit einem Professor für Kirchengeschichte am *Rhema Bible Training College* in Broken Arrow in Oklahoma hatte. Erstaunlicherweise erzählte mir dieser Professor, aus seinen eigenen Studien gehe hervor, dass die meisten großen Erweckungen nur etwa dreieinhalb Jahre lang anhielten.

Ich fragte Schwester Carney, wie alt Seymour war, als er starb und woran er gestorben sei. Sie antwortete, er sei im Jahr 1922 mit zweiundfünfzig Jahren gestorben, also keineswegs alt. Traurig erinnerte sie sich, dass sich viele Menschen gegen ihn gerichtet hatten und dass sich der schlimmste Angriff 1913 ereignete, drei Jahre nachdem die Schechina-Herrlichkeit aufgehört hatte.

Bei der „Arroyo Seco"-Erweckung 1913 kannte und beachtete ihn niemand. Er fühlte sich wie ein Versager. Obwohl niemand wirklich wusste, woran Seymour starb, vermutete Schwester Carney: „Ich glaube, er ist an einem gebrochenen Herzen gestorben."

Ich habe ein Buch mit dem Titel *The 100 Most Important Events in Christianity* („Die 100 wichtigsten Ereignisse im Christentum"). Dort sind auch Seymour und die Azusa Street aufgeführt. Sein Herz war vielleicht gebrochen, doch wurde er niemals vergessen, noch war er jemals ein Versager. Er ist jetzt in der ewigen Herrlichkeit.

Unweigerlich führte jedes Gespräch über die Azusa Street hin zur Schechina-Herrlichkeit. Immer wenn ich Schwester Carney fragte, was sie erlebte, wenn die Gegenwart des Geistes Gottes da war, lächelte sie. Sie beschrieb diese Herrlichkeit als einen Teil des Himmels. Für sie war es, als atmete sie reinen Sauerstoff, und zu ihrem Erstaunen war diese Herrlichkeit immer gegenwärtig.

Als ich sie bat, die Flammen der Schechina-Herrlichkeit zu beschreiben, von denen so viele berichtet hatten, erzählte sie folgende Geschichte: Sie erinnerte sich, dass jemand die Feuerwehr angerufen hatte, weil er dachte, das Gebäude würde brennen. Als sie jedoch ankamen, konnten sie weder Rauch riechen, noch gab es irgendeinen Hinweis auf ein Feuer. Sie rannte nicht mit den Feuerwehrleuten nach draußen, kann sich aber daran erinnern, dass Seymour, Bosworth, Lake, Smith und Sines dies taten.

Lake erklärte, dass das Feuer vom Himmel herab in das Gebäude kam, und ebenso Feuer vom Gebäude hochstieg, welches dem Feuer, das vom Himmel kam, begegnete. Fasziniert entfernte sich Schwester Carney eines Abends etwa einen halben Block vom Gebäude und konnte nun selbst diesen überwältigenden Anblick erleben. Für sie war dieses göttliche Zusammentreffen des Feuers vom Himmel mit dem Feuer, das hochstieg, ein weiterer Beweis für Gottes gewaltige Gegenwart an diesem Ort.

Schwester Carney erwähnte, dass, obwohl sich die Schechina-Herrlichkeit – diese „neblige Substanz" – die ganze Zeit innerhalb des Gebäudes befand, dieses göttliche Feuer kein alltägliches Ereignis war. Wenn es aber da war, war die Kraft Gottes innerhalb des Gebäudes viel intensiver und die Wunder noch erstaunlicher als sonst.

Ich wollte wissen, wie der Ablauf der täglichen Versammlungen war. Schwester Carney konnte normalerweise alle meine Fragen beantworten. Seymour kam jeden Morgen, jeden Mittag und noch einmal jeden Abend, für jeweils drei bis vier Stunden nach unten. Seine Wohnung, in der er jeden Tag sieben Stunden lang betete und auch aß und schlief, befand sich genau über dem Versammlungsraum.

Menschen kamen und gingen zu jeder Zeit, selbst bis spät in die Nacht hinein. Wir sprechen hier von Hunderten an einem Tag, und das über vierundzwanzig Stunden. Wenn jemand aufstehen wollte, um etwas zu sagen, konnte er dies tun. Niemand unterbrach Seymour, wenn er in der Versammlung war, aber jedem war es gestattet, aufzustehen, um etwas mitzuteilen. Seymour störte es nicht, es sei denn, dass jemand aufstand und etwas Falsches verkündete.

Während wir uns unterhielten, erwähnte Schwester Carney einige der anderen jungen Leute, die in der Azusa Street waren. Sie war nicht die einzige junge Person, die von Gott gebraucht wurde, um Wunder zu wirken. Sie verbündete sich mit C. W. Ward und Ralph Riggs, zwei jungen Männern, die eine entscheidende Rolle in der Gründung der „Assemblies of God"-Kirche spielten, die zur größten Pfingstbewegung der Vereinigten Staaten und weltweit wurde.

Schwester Carney bat sie, mit ihr zu denen zu gehen, die zum ersten Mal gekommen waren, um zu sehen, ob sie ihnen dienen könnten. Diese jungen Männer, die um die dreizehn oder vierzehn Jahre alt waren, schlossen sich Schwester Carney an und gingen mit ihr durch die Menge. Sie wollten von Gott gebraucht werden, um Wunder zu wirken und dabei zu helfen, dass Menschen geheilt wurden. Dies waren Teenager, denen es Spaß machte, für andere zu beten und die zu finden, die Heilung brauchten.

Schwester Carney und John G. Lake standen sich sehr nahe. Er hatte die Taufe im Heiligen Geist in Zion in Illinois empfangen und kam als junger Mann zu Azusa, weil Parham ihn dazu beauftragt hatte. Später wurde er ein bedeutender Missionar, der in Südafrika und in den Vereinigten Staaten mächtig gebraucht wurde.

Lake berichtete, Gott habe ihm in der Azusa Street gesagt, dass jede Krankheit, die mit ihm in Kontakt kommen würde, absterben würde. Als in Südafrika die Beulenpest ausbrach, bestand er darauf, dass man ihm einige der lebenden Bakterien in seine Hände legte. Sie nahmen eine Probe von den Bakterien, die mit ihm in Kontakt gekommen waren und sahen sich diese unter einem Mikroskop an. „Oh mein Gott, sie sterben!" Innerhalb von Sekunden starben diese Bakterien.

Einige haben Lake sogar zugeschrieben, dass die Beulenpest in dieser Region gestoppt wurde. Zurück in den Staaten, eröffnete Lake in Spokane in Washington sogenannte Heilungsräume, die zur Folge hatten, dass ganze Krankenhäuser geschlossen wurden. (Obwohl das Gebäude, in dem Lake seine Heilungsräume hatte, vor vielen Jahren durch ein Feuer abbrannte, wurden die Heilungsräume von Spokane im Jahr 1999 auf demselben Grundstück neu eröffnet und sind bis heute noch in Betrieb.[1])

Schwester Carney ist das, was ich ein Azusa-Vermächtnis nenne. Aufgrund ihrer ungetrübten Begeisterung und ihres Enthusiasmus, den sie hatte, während sie diese Geschichten jeden Monat mit mir wiederaufleben ließ, ließ sie mich die Azusa durch ihre Augen erleben. Wie Johannes, der Apostel, teilte sie mit mir, was sie gehört, was sie mit ihren Händen berührt, was sie mit ihren eigenen Augen gesehen und was sie von Anfang an in ihrem Herzen erlebte hatte.

---

[1] Vgl. Cal Pierce, *Eine Vision für Heilungsräume*, GloryWorld-Medien 2011.

Kapitel 3

Ein freudiger Lärm

Wir begrüßen Bruder Sines und Bruder Christopher.
Alter, als sie zur Azusa Street kamen: 26 und 18

Schwester Carney und Bruder Sines waren sehr gute Freunde und verbrachten zusammen viele Stunden in den Gärten von Pisgah, um zu reden und die Erinnerungen an die Azusa neu aufleben zu lassen. Liebevoll bezeichnete er Schwester Carney als die Anführerin, die all das anleitete, was sich in der Lagerhalle ereignete.

Normalerweise dauerte es nicht lange, bis sie im Gespräch auf Seymour kamen und darauf, wie unvorhersehbar sein Handeln war. Wenn er erst einmal die Schuhschachtel von seinem Kopf genommen hatte, war es sicher, dass Gott mächtig wirken würde. Aber wie? Wer würde geheilt werden? Wie würde es geschehen? Würde der Himmel wieder mit Feuer erleuchtet sein?

Eines war sicher – es würde Musik geben. Seymour stand normalerweise auf und leitete die Leute an, ein bestimmtes Lied zu singen. Hunderte von Stimmen vereinigten sich dann und stiegen zum Himmel auf. Seymour setzte sich dann und sang mit ihnen. Seine Augen hielt er dabei stets geschlossen, als wäre die Musik an sich schon ein heiliges Opfer für Gott.

Kurz nachdem der Gesang begann, sagte er dann: „Singt nun im Geist!" Und wann immer dies geschah, kam der Himmel herab und füllte den Raum. Die Musik war unbeschreiblich – rein, kraftvoll, heilig.

Die Melodien, die entstanden, wenn die Menge anfing, in einer himmlischen Sprache zu singen, manchmal in Zungen und manchmal ohne Worte, wurden als „das neue Lied" bekannt. Ab und zu schien es, als würden Engel bei diesen neuen, durch den Geist geleiteten Liedern mitsingen.

Obwohl das Singen im Geist bereits ein Teil vieler Versammlungen war, erreichte die Musik noch himmlischere Dimensionen, als Bruder Sines und Bruder Christopher zum Leitungsteam hinzukamen. Durch das Klavier und die Geige veränderte sich das neue himmlische Lied vom Gewöhnlichen zum Außergewöhnlichen.

Als Bruder Sines um 1907 zur Azusa-Street-Erweckung kam, war er ungefähr sechsundzwanzig Jahre alt. Obwohl er im Vergleich zu den anderen schon ein bisschen älter war, war er immer noch ziemlich jung, um ein Teil des Leitungsteams zu werden, welches die Versammlungen leitete.

1960 traf ich Sines in Pisgah. Ich wohnte in einem dreistöckigen Männerwohnheim, in welchem Sines der Hausleiter für alle alleinstehenden jungen Männern in Pisgah war. Er war ca. 175 cm groß, stämmig, aber nicht sehr dick. Als ich ihn traf, ging er ein wenig gebückt, nutzte jedoch keinen Gehstock. Noch immer habe ich seine Geheimratsecken – etwa ein Drittel war grau –, seine dunklen Augen und seine große Nase vor Augen.

Wie die anderen auch, besuchte ich Bruder Sines einmal im Monat in seinem Zimmer. Ich saß zu seinen Füßen, mampfte meine Schokoladenkekse und trank ein Glas kalte Milch, während ich den Geschichten über Azusa zuhörte. Er hatte eine angenehme, sanfte Stimme und sprach leise.

Im Gegensatz zu den anderen, traf er mit mir die Abmachung, dass ich ihm seine Wohnung putzte, wenn er mir seine Geschichten erzählte. Um mein Versprechen einzuhalten, fegte ich zuerst seine Wohnung, um sie dann anschließend nass zu wischen. Da seine Böden mit Linoleum ausgelegt waren, waren diese leicht zu säubern. Wenn ich meine Arbeit beendet hatte, setzten wir uns hin und Sines begann mir seine Geschichten zu erzählen.

Weil er ein Konzertpianist war, der später mit dem sehr bekannten Bandleader Tommy Dorsey zusammenarbeitete, drehte sich bei Bruder Sines alles um die Musik. Er erinnerte sich gerne an seine Rolle in der Musik der Azusa Street. Wenn Seymour die Schuhschachtel von seinem Kopf nahm, bat er Sines oft darum, eine bestimmte Hymne oder ein Lied zu singen. Sines begann, das von Seymour gewünschte Lied anzustimmen und leitete dann die Menge im Gesang.

Später brachte Sines sein eigenes Klavier mit in den Versammlungsraum. Wenn er dann gebeten wurde zu singen, fing er an, das Lied auf seinem Klavier zu spielen und die Musik zu leiten. Ohne Noten oder ein Gesangbuch sang und spielte Sines jedes Lied, um das Seymour ihn bat, aus seinem Gedächtnis. Er erzählte mir: „Tommy, ich saß da und schaute meinen Fingern zu, wie sie sich bewegten, und es hörte sich an, als würden tausend Klaviere spielen." Auch die anderen Heiligen erwähnten, dass es sich oft so anhörte, als würden tausend Klaviere spielen. Dies erinnert mich an Offenbarung 5,11: *„Und ich hörte eine Stimme vieler Engel rings um den Thron her ... Zehntausende mal Zehntausende und Tausende mal Tausende."*

Gerne erinnerte sich Sines an die Erfahrung, im Geist zu singen. Praktisch jedes Mal, wenn Seymour die Anweisung gab, in „Sprachen zu singen", passierte etwas Wunderbares, das jenseits des Fassbaren war. Die Musik stieg auf eine neue Ebene und es klang, als würde ein himmlischer Chor singen.

Ich fragte Bruder Sines nach den Wundern der Azusa Street und ob er jemals persönlich in einige davon involviert war. Er lächelte und fing mit seiner sanften Stimme an, von seinem ersten und liebsten Wunder zu erzählen.

Seymour war noch nicht zur Versammlung heruntergekommen. Von der Bühne aus leitete Sines die Menge an, Lieder zu singen. Plötzlich sah er einen verkrüppelten Jungen mit Krücken, der unbemerkt von denen, die in der Menge umhergingen und Wunder taten, im Hintergrund saß.

Sines kam von der Bühne herunter, ging auf den Jungen zu und fragte ihn, warum ihm niemand diene. Der Junge zuckte mit den Schultern und sagte: „Ich warte auf jemand, der zu mir kommt und für mich betet."

Sines fragte das Kind: „Glaubst du, dass Gott dich heilen wird?"

Mit einem erwartungsvollen Ausdruck sagte der Junge: „Ja, natürlich!"

Sines nahm ihm die Krücken ab und legte sie auf den Boden. Dann legte er dem Jungen die Hände auf und betete für ihn. Anfangs passierte nichts, aber dann fing der Junge an aufzuschreien: „Ich kann es spüren, ich kann es spüren!" Er sprang auf seine Füße, tanzte, jauchzte und rannte, und Sines tat das Gleiche direkt hinter ihm her.

Das nächste Wunder, das mir Bruder Sines beschrieb, kam buchstäblich auf ihn zu. Während Sines noch Klavier spielte, humpelte ein älterer Mann, der kaum laufen konnte, zu ihm hoch. Er nannte ihn bei seinem Vornamen.

„Charles", sage er. Bruder Sines schaute hoch. „Ich habe lähmende Arthritis". Der Mann zeigte ihm seine geschwollenen und knorrigen Hände.

Bruder Sines unterhielt sich mit dem Mann und fand dabei heraus, dass er in einer von vielen Stars besuchten Gemeinde in Hollywood mit dem Namen *Hollywood Presbyterian Church* Klavier gespielt hatte. Zu den 7000 Mitgliedern gehörten Berühmtheiten der damaligen Zeit wie Dale Evans und Roy Rogers. Aufgrund seiner körperlichen Verfassung konnte er nicht mehr spielen. „Ich möchte wieder Klavier spielen können", sagte er.

Bruder Sines stand auf und sagte dem Mann, während er auf die Klaviersitzbank zeigte: „Setzen Sie sich hier hin." Nachdem der Mann sich gesetzt hatte, legte Sines ihm die Hände auf und betete: „In Jesu Namen, spielen Sie." Er schaute auf die Hände des Mannes, die immer noch geschwollen waren, und sagte erneut: „Spielen Sie!"

Der Mann begann zu spielen, so gut er konnte. Während er spielte, schrumpften seine Hände und die Schwellung verschwand. Er spielte einfach weiter.

Da der Mann zur Zeit der Azusa schon älter war, konnte ich ihn leider nie treffen. Bruder Sines erzählte mir, der Mann sei zur *Hollywood Presbyterian Church* zurückgegangen und habe seinen Job und, damit verbunden, sein Leben zurückbekommen.

Wie viele andere auch, wurde Sines von der Salbung und der Kraft, die Bruder Seymour von Gott erhalten hatte, angezogen. Der Unterschied war allerdings, dass Sines zusammen mit Seymour auf der Bühne war und mindestens fünfzig Prozent der Zeit direkt neben ihm sitzen konnte.

Ein freudiger Lärm

Bruder Sines war geradezu besessen von „der Schachtel." Der Grund, warum er so häufig wie möglich versuchte, neben Seymour zu sitzen, war, nahe genug an die Schuhschachtel zu kommen, um zu sehen und zu hören, was innerhalb der Schachtel geschah. Es machte keinen Unterschied, ob Seymour die Schachtel nur zehn Minuten oder eine Stunde auf seinem Kopf hatte. Während dieser Zeit konnte Sines auf nichts anderes achten als auf die Schachtel und Seymour. Er saß dort und dachte: „Gott, sprichst du zu diesem Mann, oder sitzt er einfach nur da und wartet, hört zu oder denkt nach?"

Wenn Sines mit Seymour zum Essen ausging oder sie Gemeinschaft hatten, fragte er ihn, was sich innerhalb der Schuhschachtel abspielte. Seymour erzählte ihm, er würde meditierend auf Gott warten. Seymour bemerkte, dass er sich zwar selbst reden hörte, wenn er mit Gott sprach, es aber immer ein Flüstern und immer in Zungen war. Sines fragte Seymour, ob er verstünde, was er in Zungen sage, und Seymour sagte, ja, er wisse es.

Sines erinnerte sich, dass ein Leuchten um die Schuhschachtel war, während sie sich auf Seymours Kopf befand. Er beobachtete das Leuchten, erzählte mir aber, dass er es niemals gewagt hätte, Seymour oder die Schachtel zu berühren. Er hatte Angst vor dem, was passieren würde. Er lehnte sich so nah wie möglich an die Schachtel, um einfach nur zu lauschen, aber kam ihr niemals so nah, dass er sie versehentlich berührt hätte.

Er erinnerte sich an eines der Wunder, das durch Seymour geschah, während die Flammen aus dem Dach des Lagerhauses heraus- und vom Himmel her hineinschossen. Der gesamte Ort war mit der Schechina-Herrlichkeit erfüllt.

Bei dem Wunder ging es um einen Mann, der sein Leben lang Zigarren geraucht hatte. Ständig befand sich ein Stummel in seinem Mundwinkel. Dort wo die Zigarre seinen Mund berührte, hatte sich ein Krebsgeschwür gebildet, welches, wie Bruder Sines es beschrieb, ein Loch in seine Wange gefressen hatte. Was noch nicht vom Krebs zerfressen war, sah schwarz und verrottet aus.

Bruder Seymour sagte: „Es hat auch einige deiner Zähne erwischt. Wie lange, sagen die Ärzte, hast du noch zu leben?"

Der Mann konnte nur mit Mühe reden und antwortete: „Nicht länger als ein Jahr."

Seymour antwortete: „Nun, die Ärzte haben Recht, aber Gott kann es verändern." Und der Mann bejahte.

Seymour legte ihm klopfend die Hände auf, fing an zu beten und nahm die Hände wieder weg. Das Schwarze war verschwunden und man konnte beobachten, wie fehlendes Zahnfleisch, Zähne und Fleisch die Stellen ausfüllten, an denen sich vorher nichts befunden hatte! Können Sie sich das vorstellen?

Bruder Sines beobachtete vieles von der Bühne aus und kommentierte den Stil des jungen Ward und seine seltsamen Gesichtsausdrücke. Sines erinnerte sich, wie lustig es war, Ward zu beobachten, aber Gott habe auf mächtige Weise durch ihn gewirkt.

Er bemerkte auch, Bruder Anderson müsse wohl mit den Kängurus verwandt sein, so wie er herumhüpfte. Er beobachtete, dass Anderson manchmal so sehr in Begeisterung geriet, dass er auf die Bänke kletterte, um von dort aus alles noch besser sehen zu können. Wenn große Wunder passierten, sei Bruder Anderson häufig so ausgeflippt, dass er sich irgendwo in der Kirche wiederfand, ohne zu wissen, wie er dort hingekommen war. Ich glaube, er wurde einfach vom Geist versetzt.

Bruder Christopher, ein junger Mann um die achtzehn Jahre, schloss sich Bruder Sines an, ungefähr sechs Monate nachdem Sines zu Azusa gekommen war. Christopher war im Besitz einer Stradivari-Geige, die er zu Azusa mitnahm, um Sines zu begleiten, während dieser Klavier spielte.

In der Zeit, in der ich in Pisgah war, traf ich Christopher und wohnte sogar im gleichen Wohnheim. Für mich war er einer der höflichsten Menschen, die ich je kennenlernte. Er war ein sehr kleiner und gebrechlicher Mann, etwa 1,65 m groß und nur etwa 50 kg schwer. Auch war er einer der vertrauensvollsten Personen, die ich kannte.

Wir lebten mit ungefähr zwanzig Männern im Wohnheim, von denen immer etwa fünf bis sechs nicht errettet waren, da sie direkt von der Straße aufgenommen wurden. Bruder Christopher schob seine Stradivari einfach nur unter sein Bett, und diese Männer hätten dieses unbezahlbare Instrument locker für zehn Dollar auf der Straße verkaufen können. Deshalb überzeugte Bruder Smith ihn, ihm die Geige zur Aufbewahrung zu geben, wenn Christopher sie gerade nicht spielte.

Als ich ihn traf, war er schon über siebzig, aber hatte immer noch volles, tiefschwarzes Haar. Er hatte etwas dunklere Haut und erzählte uns, er sei zum Teil Italiener. Bruder Christopher, der extrem schüchtern war, sprach nicht einfach von sich aus, sondern man musste jedes Wort aus ihm herausziehen.

Er und Bruder Sines waren gute Freunde und gaben auch noch in den Jahren nach der Azusa-Erweckung zusammen viele Konzerte. Sines und Christopher reisten sogar nach Großbritannien, um eine Hofsondervorstellung für eine sehr berühmte Frau namens Victoria aus dem Hause Windsor zu geben.

Wie Sines, liebte auch Christopher die Musik der Azusa Street und bestätigte, dass die Erfahrung, im Geist zu singen, nicht zu vergleichen war mit allem, was er jemals in seiner musikalischen Karriere erlebt hatte. Man stelle sich vor, ein erfolgreicher Geiger, dem nur wenige das Wasser reichen konnten, ließ mich wissen, dass, wenn er im Geist spielte, er dabei ein höheres Level erreichte als in seinen besten Konzerten. Auch er sagte, er habe einfach nur seine Finger dabei beobachtet, wie sie sich bewegten, während er Tausende von Geigen hörte.

Bruder Christopher erzählte mir ebenfalls von der Schechina-Herrlichkeit und meinte, er habe sogar versucht, sie in einer Flasche einzufangen. Zu seiner Enttäuschung war am nächsten Morgen aber nichts mehr in der Flasche vorzufinden.

Bruder Christopher war ein Beobachter. Wegen seiner Schüchternheit ging er nicht einfach direkt in die Menge hinein. Leute, die Heilung suchten, kamen zu ihm, während er auf der Bühne saß. Christopher machte die Bemerkung, die Menschen hätten wohl gedacht, er sei jemand Besonderes, weil er auf der Bühne saß.

Ich fragte Bruder Christopher: „Ist bei den Menschen, für die du gebetet hast, irgendetwas passiert?"

Leise und mit einem Lächeln antwortete er: „O ja, Bruder Tommy. O ja."

Voller Freude erzählte er mir, wie er für einen blinden Mann gebetet hatte, den seine Frau zu Azusa gebracht hatte. Die Frau führte ihren Mann an seiner rechten Hand, während er seinen weißen Stock mit der roten Spitze in der anderen hielt. Sie brachte ihn zu Christopher auf die Bühne hoch und sagte: „Mein Mann ist blind. Heile ihn."

Christopher antwortete ruhig: „Ich kann ihn nicht heilen, aber ich kann für ihn beten und Jesus wird ihn heilen."

Etwas fordernd sagte sie: „Okay, tun Sie es!" Demütig und gehorsam betete Bruder Christopher für den Mann. Er wurde augenblicklich geheilt.

Ich fragte: „Hat dich das nicht begeistert und dazu geführt, dass du noch mehr tun wolltest?" Christopher antwortete: „Natürlich, ich wünschte, dass noch mehr Menschen zu mir gekommen wären."

Christopher erzählte von einem jungen Mann, der sich seinen Arm bei der Arbeit verbrannt hatte. Der Arm war stark infiziert, grün vor Wundbrand. Es war so schlimm, dass Bruder Christopher der Meinung war, der Arm hätte amputiert werden müssen.

Christopher betete für ihn und sagte ihm, er solle nach Hause gehen, seine Wunde reinigen und diese verbinden. Der Mann ging nach Hause, säuberte und verband die Verbrennung und kam am nächsten Abend komplett geheilt wieder.

Christopher war beeindruckt von der Bereitwilligkeit des Mannes, Gottes Leitung zu gehorchen und das zu tun, was ihm aufgetragen worden war. Als der geheilte Mann am darauffolgenden Abend zurückkam, freute sich Bruder Christopher mit ihm und sie feierten dieses großartige Wunder Gottes.

Eines Abends schleppten die Eltern eines Teenagers diesen in die Nähe von Bruder Christopher. Der Junge litt unter einer Gehirnblutung. Ich weiß nicht, ob es durch einen Unfall oder Ähnliches gekommen war, aber er befand sich schon seit vier oder fünf Jahren in diesem Zustand.

Voller Mitleid fragten sie Bruder Christopher: „Wird Gott ihn heilen?"

„Ja!", antwortete Bruder Christopher und fragte sie dann: „Habe ich eure Erlaubnis?" Er war wirklich ein süßer Junge. Die Eltern bejahten. „Bringt ihn her", sagte Christopher.

Als er anfing mit dem Teenager zu sprechen, sagten ihm die Eltern, der Junge würde ihn nicht verstehen. Überraschend nachdrücklich sagte Bruder Christopher: „Lasst mich mit ihm allein. Wenn ihr wollt, dass er geheilt wird, dann lasst mich mit ihm allein."

Ein freudiger Lärm

Er erklärte den Eltern, dass er zwar mit dem Jungen redete, jedoch auch wollte, dass der Teufel hörte, was er zu sagen hatte. „Mir ist es egal, was andere sagen. Du wirst befreit werden." So sprachen sie in der Azusa Street – vollkommen sicher in Gott.

Bruder Christopher wurde ganz überschwänglich und fröhlich und rief: „Du wirst vollkommen normal sein ... und du wirst von Gott gebraucht werden. Satan hat dir das angetan, aber Satan ist ein Lügner. In Wirklichkeit ist er ein Nichts."

Weil Bruder Christopher wollte, dass der Teufel Kenntnis davon nahm, fuhr er fort zu predigen. Schließlich sagte er: „Nun werde ich meine Hände auf dich legen und Autorität über diese Sache nehmen und du wirst davon frei werden."

Bruder Christopher streckte seine Hand aus, legte sie mit festem Druck auf den Kopf des Jungen und fing an, den Schaden, den der Teufel angerichtet hatte, zu rügen. Er wies die Gehirnblutung zurecht und befahl allen Blutklumpen, sich aufzulösen. Er forderte: „Nicht morgen. Ich will, dass es jetzt passiert, in Jesu Namen!"

Der Junge zuckte und fiel von der Bühne auf den Boden herunter, wo er zuckend um sich trat. Bruder Christopher stand am Rand der Bühne und schaute die aufgebrachten Eltern an. „Wenn ihr Angst habt, dann geht besser", sagte er ihnen. Doch sie erwiderten, dass für sie alles okay sei. Er versicherte ihnen: „Ihr braucht euch keine Sorgen zu machen!"

Schließlich hörte der Junge auf zu zucken und um sich zu treten. Und Bruder Christopher befahl: „Steh jetzt auf!" Der Junge schaute zu ihm hoch und versuchte aufzustehen, wusste jedoch nicht mehr, wie.

„Helft ihm und unterstützt ihn beim Gehen, da der Junge nicht mehr weiß, wie er gehen soll. Er wird es schnell wieder lernen. Helft ihm einfach dabei." Innerhalb von zehn Minuten rannte, hüpfte und sprang der Junge, lobte und pries Gott. Der Junge war für immer verändert und ging später als Erwachsener in den vollzeitlichen Dienst.

Aufgrund seiner Schüchternheit vollbrachte Christopher nur etwa vier bis fünf Wunder in der Woche, verglichen mit den vielen, die jeden Tag durch Carney, Sines, Garcia, Anderson und Dundee geschahen. Es waren jedoch mächtige Taten Gottes und sie zeugten davon, dass Gott einen Weg fand, dich in seine wunderbaren Werke einzubeziehen, wenn du mit aufrichtigem Herzen bei Azusa warst. Wenn etwas wie Schüchternheit dich davon abhielt, zu den Menschen zu gehen, brachte Gott die Menschen auf seine wunderbare Weise zu dir.

Während meines Aufenthalts in Pisgah hatte ich häufig das Privileg, Bruder Sines auf seinem Klavier und Bruder Christopher auf seiner Geige spielen zu hören. Manchmal wanderten meine Gedanken dabei zurück in die Tage der Azusa Street. Ich saß dann da und stellte mir vor, wie es wohl gewesen sein muss, sie spielen zu hören, wenn der Geist Gottes die Musik mit in die himmlischen Bereiche hineinnahm, während die Menschen ein neues Lied sangen. Ich erinnere mich, dass jemand mal geschrieben oder gesagt hat, die Musik sei gewesen, als würde der Atem Gottes durch menschliche Stimmbänder hervorkommen. Doch all das kann ich mir nur vorstellen.

Kapitel 4

So eifernd wie Zachäus

Wir begrüßen Bruder Anderson.
Alter, als er zur Azusa Street kam: 15

Genauso wie im Haus in der Bonnie Brae Street war die Menge im Azusa-Street-Lagerhaus von einer Handvoll treuer Nachfolger auf Hunderte angewachsen, die sich jetzt mehrmals täglich versammelten, um die Salbung von Bruder Seymour und die Wunder zu erleben und zu bezeugen.

Unter den Besuchern war auch Bruder Anderson, ein 15-Jähriger, der die Azusa-Street-Erweckung treu besuchte. Er war einer der ersten, die dort die Taufe im Heiligen Geist empfingen und Teil dieses mächtigen Werkes Gottes wurden. Obwohl Bruder Anderson etwa 1,75 m groß war, hatte er in der versammelten Menschenmenge Schwierigkeiten, die Wunder zu sehen, die durch seine Teenagerfreunde rings um ihn herum passierten.

Es war nicht ungewöhnlich, dass Bruder Anderson auf die Bänke kletterte. Wie damals Zachäus auf einen Maulbeerbaum kletterte, um Jesus besser sehen zu können, wollte auch Anderson einen besseren Blickwinkel haben, um die Wunder und das Wirken Gottes besser miterleben zu können.

Ich traf Bruder Anderson in Pisgah, wo wir gute Freunde wurden. Immer wenn ich ihm begegnete – in der Gemeinde oder bei ihm zu Hause –, kam Bruder Anderson tänzelnd auf mich zu und sagte:

„Na, Bruder Tommy! Schön, dich zu sehen." Und auch ich freute mich immer, ihn zu sehen!

Bruder Anderson war von mittlerer Größe und hatte glänzende, leuchtende Augen. Seine zur Glatze neigenden, nach hinten gekämmten und gegelten grauen Haare betonten seinen rötlichen Teint. Schon von Weitem konnte man ihn an seinem hüpfenden Gang erkennen. Nun verstand ich, warum Bruder Sines ihn scherzhaft mit einem Känguru verglichen hatte.

Vielleicht war sein unvergesslichstes Merkmal, dass er immer ein wunderschönes Lächeln auf den Lippen hatte und stets voller Leben und Freude war. In all den Jahren, in denen ich mit ihm zu tun hatte, sah ich ihn kein einziges Mal mit einem finsteren Blick.

Einmal im Monat, an einem Donnerstagabend, durfte ich Bruder Anderson besuchen. Schon wenn ich noch gut einen Block entfernt war, kam er mir auf halbem Weg hüpfend entgegen und hieß mich in seinem Heim willkommen. Im Gegensatz zu den Damen hatte Bruder Anderson keine selbstgemachten Kekse. Aber eine kalte Milch und gekaufte Kekse warteten trotzdem auf mich.

Ich kann mich noch immer daran erinnern, wie er gekleidet war. Er hatte ein bis oben hin zugeknöpftes, einfarbiges langärmliges Hemd, das er immer in die Hose steckte. Er trug Pantoffeln und eine normale Hose mit einem Gürtel, anstatt der damals üblichen Hosenträger. Aus Respekt saß ich zu seinen Füßen auf dem nackten Holzfußboden, während er es sich in seinem mit Vinyl überzogenen Schaukelstuhl bequem machte. Vielleicht ist die Ausdrucksweise, dass er es sich bequem machte, nicht ganz zutreffend, um ihn richtig zu beschreiben. Vielmehr saß er auf der Kante seines Stuhles, fuchtelte wild mit seinen Armen umher und rutschte in seinem Stuhl hin und her, während er mir begeistert von den unterschiedlichsten Wundern berichtete, die er gesehen oder für die er in der Azusa Street gebetet hatte. So wie bei allen Heiligen wurde die schiere Freude über das, was in der Azusa Street passiert war, auch die vergangenen Jahrzehnte nicht getrübt.

An Bruder Anderson und sein Zuhause kann ich mich noch sehr gut erinnern: ein älterer Herr, in einer spärlich eingerichteten Wohnung, mit nur wenigen Möbeln. Ein Bild an der Wand, welches vor ungefähr sechzig Jahren fotografiert wurde, stach ganz besonders hervor. Darauf sind John G. Lake und Bruder Anderson Seite an Seite zu sehen. Obwohl dieser Mann nicht viel besaß, war er doch reich an unschätzbaren Erinnerungen, die man mit Gold nicht hätte kaufen können.

Wir hatten ein herziges Ritual. Um die Unterhaltung zu beginnen sagte ich: „Berichte mir noch einmal von deinen Tagen in der Azusa Street." Begeistert rutschte Bruder Anderson auf seine Stuhlkante, und während er seine Geschichten erzählte, konntest du sein charakteristisches Hüpfen auch in seinen Worten fühlen.

Häufig startete er mit seinen eigenen Erlebnissen. Obwohl er schon errettet war, bevor er die Azusa Street besuchte, empfing er erst dort die Gabe der Zungenrede. Das war gleich zu Beginn der Erweckung. Er erinnerte sich, dass, wenn er in Zungen redete, er es mit einer lauten Stimme tat, so als hätte jemand seinen Lautstärkeregler hochgedreht.

Zu seinem Erstaunen und Erschrecken, begann, sobald er anfing sein Zungengebet hinauszuschmettern, jemand seine Worte auszulegen. Er erinnerte sich daran, dass er sich während des gesamten Erlebnisses wie im Himmel gefühlt hatte. Er sehnte sich danach, eine weitere Erweckung wie in der Azusa Street zu erleben.

Es war total logisch, dass das Gespräch von der Zungenrede zu den Heilungen verlief. Bruder Anderson erzählte mir, es seien viele Blinde und Taube geheilt worden und er habe bei vielen dieser Heilungen mitgewirkt. Einige waren ältere Menschen, einige waren mittleren Alters und einige waren, genau wie er, noch Teenager. Wenn er nicht an dem Wunder, das gerade passierte, beteiligt war, stand er höchstwahrscheinlich auf einer der Bänke und beobachtete, wie andere Wunder geschahen.

Er erzählte mir, dass Gott ihn bereits nach zehn Besuchen in der Azusa Street das erste Mal gebrauchte, um anderen zu helfen, ihre Heilung zu empfangen. Ein junger Mann, der nicht viel älter war als er, hatte einen Klumpfuß. Als er die Versammlung betrat, versuchte er seine Behinderung zu verbergen. Er erklärte Bruder Anderson, er wolle nicht, dass andere Mitleid mit ihm hätten. Dieser fragte ihn: „Bist du dir der Schechina-Herrlichkeit bewusst? Du musst das nicht haben." Er fuhr fort, dem jungen Mann zu erklären, Jesus habe, bevor er auf Golgatha starb, neununddreißig Striemen durch

Peitschenhiebe auf seinen Rücken erhalten, und diese Striemen seien für seine Heilung.

Der junge Mann antwortete: „Aber dies geschah für Krankheiten und Gebrechen. Bei mir ist es doch nur mein Fuß, der nach innen gedreht ist."

Bruder Anderson erwiderte: „Gott will es heilen! Du solltest dir einmal einige der Heilungen anschauen, die hier passieren."

Schließlich glaubte der junge Mann, dass ein Wunder möglich sei und Bruder Anderson fing an für ihn zu beten. Zu ihrem Erstaunen sprang der Fuß kurz nach dem Gebet nicht einfach sofort an seine ursprüngliche Stelle zurück, sondern fing an, sich ganz langsam nach außen zu bewegen. Innerhalb weniger Minuten hüpfte, rannte und jubelte der junge Mann. Seit seiner frühen Kindheit war der Fuß verkrüppelt gewesen und war mit zunehmendem Alter immer schlimmer geworden. Dennoch war der Fuß innerhalb von nur wenigen Minuten geheilt und perfekt wiederhergestellt.

Bruder Anderson stand direkt hinter dem Mann, und auch er tanzte und jubelte. Dies war wohl das erste Mal, dass Bruder Anderson von Gott gebraucht wurde, um durch Glauben und Gebet eine Wunderheilung zu bewirken. Aber es war bei Weitem nicht das letzte Mal.

Bruder Anderson erinnerte sich, dass er einmal für eine Frau betete, die wesentlich älter war als er und direkt oberhalb des Handgelenkes einen Knoten hatte. Sie wusste nicht, was es war, aber es schmerzte. Als er sie nach dem Schmerz fragte, erzählte sie ihm, dass sie nicht einmal mehr die Hausarbeit erledigen konnte. Sie konnte die Dinge nur noch mit ihrem Arm schieben, anstatt sie anzuheben. Bruder Anderson erklärte ihr, dass sie dies in Zukunft nicht mehr so machen müsse, da Jesus sie heilen würde.

Er streckte seine Hand zu ihr aus, berührte kaum den Knoten und sagte: „Im Namen Jesu, sei geheilt." Innerhalb weniger Sekunden war der Knoten verschwunden. Sie war so begeistert, dass sie unverzüglich an Ort und Stelle zu tanzen anfing, und Bruder Anderson war ihr Tanzpartner.

Seine Geschichten fesselten mich. Als ich ihn nach dem größten und ungewöhnlichsten Wunder fragte, von dem er Zeuge wurde, erzählte er von einem Wunder, das mich ins Staunen versetzte.

Eine junge Frau mit dem Namen Diane, die ungefähr zwanzig Jahre alt war und zwei kleine Kinder hatte, kam in die Erweckungsversammlung. Sie hatte an der Seite ihres Kopfes ein großes Gewächs oder einen Tumor in der Größe eines halben Fußballs. Sie hielt ihn unterstützend mit ihrer Hand und sah wirklich erbärmlich aus.

Noch bevor sie in der Lage war, sich hinzusetzen, stellten sich einige Leute und auch Bruder Anderson um sie herum. Anderson sagte der Frau, Gott halte ein Wunder für sie bereit. Irgendwie verdrehte sie ihren Kopf und ihre Augen, sagte aber kein einziges Wort. Sie kam, um ein Wunder zu empfangen, und konnte nichts weiter tun, als zu nicken.

Als die Leute anfingen, ihr die Hände aufzulegen, fing der Tumor bzw. das Gewächs an zu schrumpfen. Die Frau war sprachlos und schnappte nach Luft. Schließlich rief sie mit lauter Stimme: „Ich bin geheilt!"

Durch die Gnade Gottes traf ich Schwester Diane 1960, als ich in Pisgah war. Sie war nicht übergewichtig, aber auch keine zierliche Frau. Sie war knapp 1,80m groß, hatte ein breites Gesicht und ein wunderbares Wesen. Als ich sie nach ihrer Heilung fragte, berichtete sie mir Folgendes.

Sie hatte davon gehört, dass so etwas wie Wunder in der Azusa-Street-Lagerhalle passierten. Sie selbst hatte sogar die Flammen gesehen, die zum Himmel aufstiegen und herabkamen, und so dachte sie sich: „Was habe ich schon zu verlieren? Ich bin am Sterben, und wenn ich dorthin gehe und dann sterbe, was soll's! Die Ärzte können auch nichts mehr tun. Und um es operativ entfernen zu lassen, ist es schon zu groß." „Also trottete ich, die Geschwulst mit meinen Händen haltend, zur Azusa Street hin."

Etwas verlegen kam sie in die Versammlung. Sie erinnerte sich, dass Bruder Anderson, kurz nachdem das Wunder geschehen war, direkt vor ihr stand und sie ganz von ihm eingenommen war.

Dieses Wunder rettete nicht nur ihr Leben, sondern katapultierte sie in einen Dienst, der über die nächsten Jahre Einfluss auf Tausende von Menschen hatte. Mit Anfang Zwanzig und nur fünfundzwanzig Cent in der Tasche fing sie eine Suppenküche an, und als ich sie fast sechzig Jahre später traf, teilte sie noch immer Suppe an die Hilfsbedürftigen und Unterdrückten aus.

Natürlich wollte ich immer noch mehr über Bruder Seymour wissen, und Bruder Anderson war gerne bereit, der Bitte nachzukommen. Der junge Anderson liebte es, wenn Bruder Seymour zur Versammlung herunterkam. Er setzte sich dann neben ihn und versuchte einen Blick unter die Schachtel zu werfen, um zu sehen, ob Seymour überhaupt betete. Er lehnte sich so weit wie nur irgend möglich zu ihm hinüber, schaffte es aber nicht, unter die Schachtel zu spähen.

Seymour saß manchmal zehn Minuten, manchmal mehr als eine Stunde einfach nur regungslos da und hatte die Schachtel auf dem Kopf. Ganz fasziniert von der Schachtel, beobachtete Anderson Bruder Seymour die ganze Zeit, um zu sehen, ob sich seine Hände oder Füße bewegten. Wenn Seymour unter der Schachtel war, saß er die meiste Zeit wie eine Statue vollkommen ruhig da.

Bruder Anderson bewunderte Bruder Seymour. Er sagte mir, Seymour sei einer der nettesten Menschen gewesen, die er jemals kennengelernt hatte. Als Seymour Jennie Moore heiratete, erzählte man sich, zwei Damen hätten sich darüber empört, da sie der Meinung waren, er würde wegen der unmittelbar bevorstehenden Wiederkunft Christi keine Zeit mehr für die Ehe haben. Diese Damen waren so aufgebracht, dass sie seine Adressenliste stahlen und nach Portland verschwanden. Dieser Vorfall ärgerte den jungen Anderson sehr.

Anderson war von Seymour so sehr inspiriert, dass er versuchte, ihn zu imitieren. Einige Male stand er sogar auf und sagte in seinem jugendlichen Eifer: „Alle, die in diesem Bereich hier Heilung brauchen: Steht jetzt auf und seid geheilt!" Anderson musste sehr schnell lernen, dass man die Salbung, die auf Seymour ruhte, nicht einfach kopieren konnte, außer wenn Gott es zuließ. So blieb er dabei, denen, die ein Wunder brauchten, die Hände aufzulegen.

Der junge Anderson glaubte, dass Seymour ein Mann des Glaubens war, der niemals an etwas zweifelte. Jedes Mal, wenn er seinen Mund öffnete und etwas sagte, geschah es auch. Von Bruder Anderson erfuhr ich auch, dass Seymour ein brillanter Prediger war. Seine Formulierungen waren sehr intelligent und tiefgründig, doch einfach genug, dass die meisten Ungebildeten sie verstehen konnten. Die Weisheit dieses Mannes war phänomenal.

So eifernd wie Zachäus

Das, was Anderson am meisten beeindruckte, war, wenn der Geist auf Seymour fiel und er anfing, in den Gaben zu wirken. Anderson stellte sich auf die Bänke, um sehen zu können, wie Seymour zu den Leuten sprach. Etliche Male zeigte er auf vielleicht ein Dutzend Menschen, die so etwas wie rheumatische Arthritis hatten, und sagte zu ihnen: „Wollt ihr da drüben ein Wunder erleben? Jeder von euch wird in Jesu Namen in den nächsten Minuten aufstehen und gehen." Und wirklich alle – man konnte hören, wie ihre Knochen knackten – standen auf und jubelten, als sich ihre Beine und Arme und Hände ausrichteten.

Einige Male war Anderson Zeuge dessen, wie Seymour Heilungen an einzelnen Personen durchführte. An eine dieser Heilungen konnte sich Anderson besonders gut erinnern. Ein Mann, dessen Gesicht verunstaltet und mit kleinen Tumoren übersät war, kam zu Bruder Seymour. Der entstellte Mann sah sehr unansehnlich und hässlich aus. Als Seymour für ihn betete, fingen die Tumore des Mannes augenblicklich an, von seinem Gesicht abzufallen. Sein Gesicht war völlig wiederhergestellt und einige Helfer kamen und räumten die abgefallenen Tumore auf.

Solange Seymour in der Nähe war, jubelte und tanzte der junge Anderson nicht. Seine Augen waren vollkommen auf Seymour fixiert. Anderson bestätigte, dass diese Kraft so lange durch Seymour wirkte, bis er eines Tages aufhörte, die Schachtel über seinen Kopf zu stülpen.

Nachdem wir über Seymour gesprochen hatten, kamen wir logischerweise auch auf die Schechina-Herrlichkeit zu sprechen. Als ich Bruder Anderson bat, die Schechina-Herrlichkeit zu beschreiben, rutschte er mit leuchtendem Gesicht zur Kante seines Schaukelstuhls.

Anderson sagte, es sei schwierig, die Schechina-Herrlichkeit zu erklären, da sie nur beschrieben, aber nicht verstanden werden könne. Wenn er manchmal das Gebäude betrat, war dort etwas wie ein Leuchten. Manchmal geschah es, dass, wenn Gott zu wirken begann, eine rauchähnliche Substanz noch heller leuchtete.

Man konnte durch sie hindurchgehen und manchmal war es so, als würde sie sich regelrecht durch den Raum wälzen. Man konnte keinen Ventilator nehmen, um sie hinauszupusten, noch konnte man sie einsammeln. Bruder Anderson gab zu, er habe es versucht, da es so greifbar aussah. Er erinnerte sich, dass der Nebel manchmal so dicht wurde, dass er das ganze Gebäude erfüllte. Selbst Seymour war von diesem dichten Nebel, der den Raum erfüllte, fasziniert. Es gab sogar Momente, in denen Seymour mit den Füßen mit der dicken Wolke spielte.

Bruder Anderson war von der Herrlichkeit beeindruckt und beschrieb sie so, als würde ein Teil des Himmels herabkommen. Man konnte durch sie hindurchgehen, sich in sie hineinsetzen, seine Hände hindurchgleiten lassen, sie einatmen, jedoch konnte man sie nicht einfangen.

Ich drängte Bruder Anderson dann, mir von dem „Feuer" zu erzählen. Er sagte, es habe ausgesehen wie etwa fünfzehn Meter hohe Flammen, die sowohl von oben aus der Luft herabkamen als auch vom Dach nach oben schossen und sich über dem Lagerhaus trafen und vereinigten. Der junge Anderson stand dann mit offenem Mund einfach nur da. Er wusste nicht, wie er es sich erklären sollte, doch war es real. Er sagte mir, dass der brennende Busch, den Mose beschrieb, für ihn endlich einen Sinn ergab.

So wie die anderen Heiligen, beobachtete auch Anderson, dass immer dann, wenn die Leute singend in Sprachen anbeteten, die Kraft größer war und die Salbung auf die Versammlung fiel.

Eines der Lieblingslieder der in Pisgah wohnenden Heiligen war mit ihrer Begegnung mit der Herrlichkeit Gottes eng verknüpft. Sie sangen es mit großem Enthusiasmus, und es hatte den passenden Titel: „Der Himmel kam herab und Herrlichkeit erfüllte meine Seele."

Bevor die Geschichten aufhörten, wollte ich noch etwas über die anderen Jugendlichen erfahren, mit denen sich Anderson in der Azusa Street aufhielt. Ähnlich wie Schwester Carney erinnerte sich Anderson daran, dass sowohl Ralph Riggs, als auch C. W. Ward Teil einer Gruppe von jungen Leuten waren, die umhergingen, um für die Heilung der Leute zu beten, und die von Gott dazu gebraucht wurden, seine Wunder zu wirken.

Anderson erinnerte sich an eine Geschichte über Ward, die er irgendwie amüsant fand. Ward hatte eine spezielle Art, für jemanden zu beten. Er schwang seine Hüften und machte dabei alle möglichen dramatischen Gesten. Es war schon fast eine Theaterinszenierung.

Er sprach diese großartigen, langen Gebete und brüllte mit wogenden Schultern und Hüften: „Im Namen Jesu!"

Ich fragte Bruder Anderson, ob Ward von Gott gebraucht wurde, um andere zu segnen. Anderson lächelte und sagte: „Nun ja, sie sind geheilt worden." Ward war, wie die anderen auch, noch sehr jung und mitten in seinen Teenagerjahren. Obwohl sein Handeln ungewöhnlich war, bereiteten die Jahre in der Azusa Street beide, Ward und Riggs dafür vor, in der Zukunft kraftvolle Gefäße Gottes zu sein.

Wie ich schon zuvor erwähnte, wurde der junge Anderson ein guter Freund von John G. Lake. Einer seiner wertvollsten Schätze war das Bild mit ihm und Lake, welches sechs Jahrzehnte nach der Azusa Street noch immer an der Wand seines Wohnzimmers hing.

Die anschaulichen Erinnerungen der Schechina-Herrlichkeit und die persönlichen Begegnungen von Anderson ließen Azusa für mich noch einmal lebendig werden. Sie erlaubten mir, die großartigen Erfahrungen dieser noch nie dagewesenen Erweckung festzuhalten.

Kapitel 5

Wie die Mutter, so der Sohn

Wir begrüßen Bruder und Mutter Riggs.
Alter, als sie zur Azusa Street kamen: 12 und 35

In dieser nächsten Geschichte bot sich mir eine einmalige Gelegenheit. Ich konnte dabei nicht nur Ralph Riggs treffen, der, als er zur Azusa kam, gerade einmal zwölf Jahre alt war, sondern ich konnte auch seine Mutter kennenlernen – also eine doppelte Portion Segen.

„Mutter" Riggs traf ich 1960 in Pisgah. Ich muss zugeben, dass ihre Schokoladenkekse von allen die besten waren. Sie machte sie groß und rund.

Mutter Riggs war Mitte dreißig, als sie zur Azusa kam. Als ich sie traf, war sie bereits in ihren Neunzigern. Sie erzählte mir, dass sie hauptsächlich „Ralphy" – einer von Ralphs Spitznamen, der nicht unbedingt zu seinen Favoriten gehörte – beobachtete, wie er herumrannte und von Gott gebraucht wurde. Ralph und sein bester Freund C. W. Ward beschwerten sich nicht darüber, in der Kirche sein zu müssen. In der Tat bevorzugten sie es lieber dort, statt irgendwo anders zu sein. Würde das nicht jede Mutter stolz machen?

Mutter Riggs war aber nicht nur Zuschauerin. Auch sie war aktiv an den Heilungen und Wundern beteiligt und verbrachte viel Zeit mit Schwester Carney. Obwohl sie überwiegend andere unterstützte, gebrauchte Gott sie auch, wenn sie alleine war.

Mutter Riggs hatte helle Knopfaugen, die leuchteten, wenn sie anfing, über die Azusa Street zu sprechen. Und wenn sie von ihren eigenen Geschichten erzählte, leuchteten sie sogar noch heller. Sie berichtete mir von ihrem Erlebnis mit ungefähr einem Dutzend älteren Leuten, die sie an ihre eigenen Eltern erinnerten. Sie alle wurden in Rollstühlen in die Veranstaltung gebracht, hatten aber keine schwerwiegenden Missbildungen oder Gebrechen. Sie waren einfach nur alt und schwach.

Von Schwester Carney lernte sie schnell, Wunder zu erwarten, und wenn irgendjemand in einem Rollstuhl Gebet brauchte, klappte sie, noch bevor sie anfing, für eine Person zu beten, die Fußstützen weg. Gleich nach dem Gebet standen diese gebrechlichen alten Leute auf, hakten ihre Arme ineinander und fingen an zu tanzen. Mutter Riggs war so begeistert, dass alte Menschen tanzten und den Herrn anbeteten, dass sie direkt mitmachte.

Mutter Riggs erzählte mir, sie habe auch für einen Mann gebetet, der nicht mehr ohne Schmerzen auf seinem Fuß stehen konnte. Sie fragte ihn: „Bist du gekommen, um geheilt zu werden?"

Er antwortete ihr: „Mir wurde gesagt, dass jeder hier geheilt wird. Sie kommen einfach und werden geheilt, und ich möchte, dass mein Fußgelenk wieder heil ist."

Sie legte ihm die Hände auf den Kopf und fing an zu beten. Innerhalb weniger Momente knackte das verrenkte Fußgelenk und war geheilt. Der Mann stand auf und fing jubelnd an zu tanzen. Mutter Riggs war ganz erstaunt über dieses Wunder.

Wie alle anderen auch, liebte Mutter Riggs die Schechina-Herrlichkeit. Sie erzählte mir, das, was sie am meisten vermisse, sei die Kraft des Nebels bzw. der Wolke, wenn diese leuchtete. Sie war davon überzeugt, dass die Herrlichkeit, die sie erlebten, ein Teil des Himmels war, und sie konnte in ihr herumgehen, in ihr sein und sie einatmen. Auch war sie davon überzeugt, dass die Fülle an Wundern aufgrund der Schechina-Herrlichkeit und der Gegenwart Gottes in den Veranstaltungen geschah.

Ich mochte ihre Geschichten und auch die Tatsache, dass sie ihren Sohn nicht nur einfach unterstützte, sondern unmittelbar bei ihm war, während er es genoss, von Gott gebraucht zu werden.

Ab und zu kam Ralph Riggs in Pisgah vorbei, um seine Mutter zu besuchen. Ich traf ihn in seinen Siebzigerjahren, nachdem Gott ihn mächtig darin gebraucht hatte, sein Königreich zu verbreiten.

Während vier solcher Besuche hatte ich die Ehre, Zeit mit ihm zu verbringen. Wie bereits zuvor in diesem Buch erwähnt, waren Ralph und C. W. Ward maßgebend an der Gründung der „Assemblies of God"-Kirche beteiligt. Obwohl mir bewusst war, dass er eine ganze Menge über die Assemblies of God zu berichten hatte, wollte ich von ihm über Azusa und seine Jahre als Teenager dort erfahren.

Bruder Riggs erzählte mir, er habe die Tatsache geschätzt, dass er nicht nur dabei zuschauen durfte, wie durch die Älteren die Wunder geschahen, sondern dass Gott ihn auch persönlich gebrauchte. Er hatte die Freiheit, zu jedem hinzugehen, für den er beten wollte, und zu seinem Erstaunen wurden sie alle geheilt.

Zur Zeit der Azusa Street war er noch nicht einmal zwölf Jahre alt. Er erlebte sie zusammen mit seinem besten Freund C. W. Ward, der zwei Jahre älter war. „C. W. und ich konnten es kaum abwarten, abends in die Kirche zu gehen, Tommy. Auch wenn die meisten Kinder nicht gehen wollen, konnten wir es kaum abwarten, in die Kirche zu kommen und Spaß dabei zu haben, die Menschen zu heilen und zu befreien." Riggs verwies darauf, dass beide jeden Abend mindestens sechs Wunder oder Heilungen erlebten.

Ich fragte Bruder Riggs, mit welchen anderen Jugendlichen er in der Azusa zusammen war. Er erzählte mir, dass er Schwester Carney am liebsten mochte. Er kommentierte: „Man tat einfach das, was sie einem sagte. Niemand hatte ihr die Leitung übergeben, aber sie war einfach von Natur aus eine Leiterpersönlichkeit." Riggs erzählte mir auch, dass er sich gerne mit Bruder Anderson unterhielt und mit ihm spielte. Und natürlich war da noch Bruder Ward.

Als ich Bruder Riggs nach seinen denkwürdigsten Wundern fragte, teilte er mir ein paar wenige seiner vielen Erfahrungen mit. Er erinnerte sich an eine alte Frau in einem Rollstuhl, die wegen einer Krankheit von der Hüfte an abwärts gelähmt war. Ralph war noch nicht ganz dreizehn und war ganz aufgeregt, als er die Dame sah. „Warum warst du so aufgeregt?", fragte ich ihn.

„Sie erinnerte mich an meine Großmutter", antwortete er.

Als er versuchte ihre Füße anzuheben, um die Fußstützen hochzuklappen, wurde die Dame ein wenig unfreundlich. „Sie verstehen die Carney-Regel nicht. Bevor wir beten, müssen wir Ihre Fußstützen hochklappen, da Sie jetzt geheilt werden. Sie werden nämlich aus ihrem Rollstuhl aufspringen und rennen." Sie protestierte ungläubig.

„Hören Sie mir bitte zu", sagte er. „Sie müssen damit aufhören, immer wieder zu nörgeln und zu meckern. Wir werden für Sie beten und Sie werden geheilt werden. Diskutieren Sie nicht mit uns. Dies ist die Azusa Street. Sehen Sie die Herrlichkeit dort? Sie werden geheilt werden!" Sprachlos saß sie da und schaute ihn an.

Er betete für sie und musste dies sogar zweimal und mit besonderer Inbrunst tun. Schließlich legte er seine Hände auf ihre Wirbelsäule und Hüfte. Plötzlich hörte man ein Knacken und der kleine Ralph sagte: „Los, rennen Sie!" Sie schaute ihn einfach nur an. „Ich sagte, rennen Sie!" Sie sprang auf und lief los.

„Was hast du daraufhin gemacht?", fragte ich ihn. „Meine Mutter und ich sind zusammen mit ihr losgerannt", antwortete er „aber sie war schneller." Ein zwölfjähriger Junge, der mit einer alten Dame nicht mithalten kann. Das gefällt mir.

Sein unvergesslichstes Wunder erlebte er mit einem großen, schlaksigen jungen Mann, der Anfang zwanzig, knapp 2 m groß und über 100 kg schwer war. Als er die Versammlung betrat, roch er nach Alkohol, hatte eine Fahne und lallte vor sich hin.

Riggs spürte eine Stimme in ihm, die ihm sagte „Bete für ihn". Als Riggs zu ihm ging, bemerkte er, dass er nicht nur betrunken, sondern auch blind war. Etwas perplex schaute Riggs den Mann an und fragte ihn: „Sie können nicht sehen, oder?"

Der Mann antwortete: „Ja, deswegen bin ich ja hergekommen." Riggs, der nun etwas mehr Mitgefühl hatte, fing an, für den Mann zu beten. Dieser wurde nicht nur augenblicklich geheilt, sondern auch der Alkoholgestank war verschwunden.

Eine Weile saß der Mann einfach nur schluchzend und weinend da und sagte dann schließlich: „Es ist wirklich wahr. Ich bin geheilt." Hier war ein blinder, obdachloser Alkoholiker, der durch die wunderwirkende Kraft Gottes geheilt worden war.

Später in seinem Leben wurde dieser Mann von Gott als Erweckungsprediger gebraucht, und er gründete viele Pfingst- und Assemblies-of-God-Gemeinden im gesamten mittleren Westen der Vereinigten Staaten. Riggs verwies darauf, dass er das Privileg hatte, viele dieser Gemeinden auf seinen Reisen zu besuchen. Sogar die

Assembly-of-God-Gemeinde in Chickasha in Oklahoma, die ich viele Male besuchte, war von diesem einst blinden und betrunkenen obdachlosen Mann gegründet worden.

Bruder Riggs erzählte auch von seiner einzigen Massenheilung. Eine Gruppe von Menschen kam von einem Altersheim und hatte geringfügigere Probleme wie schmerzende Gelenke. Riggs entschied sich die „Seymour"-Methode auszuprobieren und eine Massenheilung zu versuchen. Er schaute sie an und sagte: „Jeder Einzelne von Ihnen wird jetzt im Namen von Jesus geheilt werden. Seid jetzt alle geheilt!" Anders als die anderen Male, als er versucht hatte, Seymour nachzuahmen, und es misslang, wurde Riggs diesmal Zeuge einer Massenheilung, als die Gelenke knackten und wiederhergestellt wurden.

Obwohl Bruder Riggs von Gott noch bei unzähligen anderen Wundern gebraucht wurde, entschied er sich, nur noch eine letzte Geschichte zu erzählen. Ein Mann und seine Frau wurden in Rollstühlen sitzend von ihren Kindern im Teenageralter hereingeschoben. Beide waren sehr krank und hatten entweder eine Lungenentzündung oder eine wirklich schlimme Erkältung.

Bruder Ralph ging zu ihnen hin und fragte sie: „Sind Sie heute Abend in dem Glauben hierhergekommen, dass Gott Sie heilen wird?" Der Mann bejahte. Riggs fing an zu beten, als er plötzlich innehielt und sich an die „Carney-Regel" erinnerte. Er klappte die Fußstützen weg, bevor er weiterbetete.

Die Bühne war nun bereit, dass Gott ein Wunder wirken konnte. Riggs stellte sich zwischen das Ehepaar, legte seine Hände auf ihre Stirn und betete, indem er ihnen befahl, in Jesu Namen geheilt zu sein. Beide hatten schreckliches Fieber, und das Erste, was Riggs auffiel, war, dass das Fieber sank. Nach kurzer Zeit fing die Frau an, sich zu schütteln und wenig später stand sie auf und rannte umher. Der Mann stand einfach nur auf, hob seine Hände und schrie mit sehr lauter Stimme: „Danke, Gott! Dank sei dir, Gott!" Gott hatte sie beide umgehend geheilt.

Wenn von der Schechina-Herrlichkeit gesprochen wurde, geschah dies meist mit einer bestimmten Ehrfurcht. Einmal jedoch offenbarte Bruder Riggs auch eine lustigere Seite. Er erzählte mir, dass, wenn Seymour von seinem Apartment nach unten kam, die

Schechina-Herrlichkeit so dicht wurde, dass man kaum noch den Boden sehen konnte. Mit einem frechen Grinsen gab er zu, dass er und Ward, wenn sie so dicht wurde, nach hinten gingen und in dem Nebel Verstecken spielten. Meine Gedanken wanderten zurück in seine Zeit bei Azusa, und ich konnte mir vorstellen, wie er voller Leben umherrannte und zusammen mit den anderen Jugendlichen an dieser atemberaubenden Ausgießung Gottes teilhatte.

Ich fragte ihn, ob er, da er damals ja noch so jung war, jemals versucht habe, die Schuhschachtel von Seymour auf seinen eigenen Kopf zu setzen. Mit großem Respekt antwortete er: „Niemand wagte es Seymours Schachtel anzurühren, selbst wenn er nicht unten war. Sie war heilig."

Ich bat ihn darum, wirklich ernsthaft mit mir über die Schechina-Herrlichkeit zu sprechen. Bruder Riggs beschrieb das Erlebnis ähnlich wie seine Mutter. „Ich schmeckte ein bisschen den Himmel. Ward und ich haben öfter darüber gesprochen und fanden, dass Azusa wohl so gewesen sein muss, wie es im Himmel ist. Gott muss wohl ein Stück des Himmels heruntergesandt haben."

Als ich eines Tages bei Mutter Riggs war, sagte sie mir: „Tommy, erzähle mir nun meine Geschichten zurück." Sie hatte mir ihre Geschichten viermal erzählt. Ich sagte okay, setzte mich und erzählte sie ihr.

Daraufhin sagte sie zu mir: „Du hast sie mir perfekt wiedergegeben. Das ist gut." Ich erwiderte: „Okay, aber ich möchte nicht damit aufhören, zu dir zu kommen."

„Weißt du, heute Nacht werde ich nach Hause gehen", antwortete sie mir.

„Zurück nach Mississippi?"

„Nein, Tommy. Ich werde *nach Hause* gehen." Sie war beinahe 100 Jahre alt.

Am nächsten Tag rief mich Bruder Smith zu Mutter Riggs Haus hinüber. Er sagte: „Die Schwestern sagten mir, Mutter Riggs habe gesagt, sie werde letzte Nacht heimgehen. Sie sagten, sie hätten sogar gehört, dass sie dir sagte, sie würde heimgehen."

Ich sagte: „Ja, was ist passiert?"

Er antwortete: „Sie ist tot. Komm herein. Schau sie dir an."

Wir gingen in ihr Schlafzimmer. Mit verschränkten Armen lag sie da und hatte ein breites Lächeln auf ihrem Gesicht. Ich schaute ihn an und sagte: „Sie sieht glücklich aus."

Er fügte hinzu: „Sie ist nach Hause gegangen." Die Schechina-Herrlichkeit, welche sie so schmerzlich vermisst hatte, durfte sie nun für immer genießen.

Kapitel 6

Was ist schon ein Name?

Wir begrüßen Schwester Lucille und Schwester Laura.
Alter, als sie zur Azusa Street kamen: 18 und 16

Der Fernsehstar Lucille Ball wollte, was Schwester Lucille schon hatte, nämlich ihren Nachnamen, welcher McGillicuddy lautete. Lucille Ball bezahlte Schwester Lucille einen stattlichen Preis, um ihren Namen als Mädchennamen für ihre Fernsehfigur in „Ich liebe Lucy" zu verwenden.

Jedoch erinnert man sich nicht nur wegen ihres Namens an sie. Schwester Lucille McGillicuddy wurde besonders durch ihre Tätigkeit als Sekretärin für Aimee Semple McPherson und ihrer Nachfolgerin Jean Darnall bekannt. Davor war sie eine der Jugendlichen, die während der Azusa-Street-Erweckung einen starken Einfluss auf das Leben vieler Menschen hatte.

Ich traf Schwester Lucille in Pisgah. Sie wog kaum mehr als 40 Kilo und war kleiner als 1,50 m. Sie war sehr schlank und zierlich. Wie viele pfingstliche Frauen dieser Zeit hatte auch sie so lange Haare, dass sie fast den Boden berührten. Jedoch trug sie diese in einem „Pfingstknoten", der von vielen Haarnadeln zusammengehalten wurde.

Sie war eine der „Azusa-Heiligen", denen ich zuhören durfte, während ich zu ihren Füßen saß und hausgemachte Schokoladenkekse mampfte. Und ja, wie immer spülte ich sie mit einem Glas kalter Milch herunter, welches sie für mich bereitgestellt hatte.

Während der Azusa Tage gehörte sie zu der „Carney-Riggs-Ward-Anderson"-Gruppe", und durch sie wurden viele geheilt. Gleich zu Beginn unserer gemeinsamen Zeit bat ich sie, mir von ihrem größten Wunder, an dem sie beteiligt war, zu berichten. Von zwei Wundern, die einen lebhaften Teil ihrer Erinnerungen ausmachten, berichtete sie mir jedes Mal.

Zuerst erzählte sie mir von der Dame, die unterschiedlich lange Beine hatte. Ihr Name war Goldie, und sie hatte Polio gehabt, weshalb ein Bein mehr als zehn Zentimeter kürzer war als das andere. Schwester Lucille bestand darauf, dass Goldie ihre Schiene abnahm und somit Gott erlaubte, sie zu heilen. Goldie erwiderte darauf: „Ich sollte besser geheilt sein, wenn ich meine Schiene abnehme."

Schwester Lucille lächelte und antwortete: „Du wirst geheilt sein! Jetzt nimm sie ab!" Sie nahm die Schiene ab und Schwester Lucille betete sofort für sie. Und dann verlängerte sich das Bein. Schwester Lucille sagte ihr daraufhin, sie solle nun aufstehen und laufen. Sie ging ihre ersten Schritte und fiel fast hin, da sie nicht gewohnt war, mit normalen Beinen zu laufen. Auf übernatürliche Art und Weise hatten nun beide Beine dieselbe Länge.

Mit einem Funkeln in den Augen erzählte sie mir als Nächstes von einer Frau, deren Handgelenk durch einen Familienstreit zerschmettert worden war. Die Dame konnte ihre Hand in keiner Weise mehr gebrauchen. Schwester Lucille sagte: „Es sieht aus, als wäre Ihr Handgelenk zerquetscht worden."

Sie erwiderte: „Mein Ehemann hat mit einem Holzhammer darauf geschlagen. Er hatte sich über mich geärgert und wollte mir eine Lektion erteilen und zertrümmerte dabei mein Handgelenk."

Schwester Lucille erzählte mir, dass es ihr fast das Herz gebrochen hätte. Sie wollte unbedingt, dass diese Frau geheilt wurde. Als sie betete, bettelte sie Gott fast an, er möge sie heilen. Nach dem Gebet sagte sie zu dem Handgelenk: „Ich sage dir im Namen Jesu, dass du tust, was ich sage, und geheilt bist." Sofort war das Handgelenk der Dame komplett wiederhergestellt.

Schwester Lucilles nächste Geschichte war keine für Kekse und Milch. Es war eher eine „Schmeiß-deine-Kekse-weg-Geschichte". Sie berichtete von den Wundern an den Menschen, die sehr schlechte Zähne hatten, und normalerweise verlor ich dabei meinen Appetit.

Lucille ließ diese Leute ihren Mund öffnen, drückte ihre Finger auf die verdorbenen Zähne und betete um Heilung. Ich fragte sie: „Waren sie entzündet und mit schlechtem Zeug gefüllt?" Sie schaute mich daraufhin mit einem leichten Grinsen an. Ich fragte sie: „Du hast deinen Finger auf ihre Zähne gedrückt?"

Wieder mit diesem Grinsen antwortete sie: „Yeah."

„Und was, wenn keine Zähne mehr da waren?", fragte ich sie dann scherzhaft. Jetzt brachte Schwester Lucille ihre Geschichte zum Höhepunkt. „Dann legte ich meinen Finger auf das freiliegende Zahnfleisch. Ich habe tatsächlich viele Male auf das Zahnfleisch gepresst und den neuen Zahn meinen Finger hochdrücken lassen. Bei den richtig verfaulten Zähnen kam dann all das schlechte Zeug heraus. Wir nahmen dann ein Taschentuch, um das schlechte Zeug abzureiben, und ein neuer Zahn erschien an dieser Stelle. Sogar schiefe Zähne begradigten sich wieder."

Gewöhnlich verfaulten die Zähne aufgrund gewisser Ernährungsgewohnheiten oder schlechter Hygiene. Diese nächste Geschichte, die sie mir erzählte, handelte von einem Mädchen, deren zweite Zähne von Anfang an verfault und schwarz herausgewachsen waren. Die Mutter fragte: „Wird Gott das heilen?"

Lucille sagte: „Gott wird alles heilen! Und ich liebe es, für Zähne zu beten!"

Sie brachte das Mädchen zu ihrer Mutter und bat die anderen um ein Taschentuch und eine Tasse. Lucille nahm das Taschentuch und legte es über den Mund des Kindes. Sie betete und eine Hand voll von geschwärzten Zähnen fiel einfach so aus dem Mund des Kindes in die Tasse hinein.

Könnt ihr euch vorstellen, was das Kind gedacht haben muss, als diese kleine Frau ihre Zähne herausnahm? Komplett zahnlos schaute dieses Kind sie weiterhin nur an. Lucille sagte zu ihr: „Jesus gibt dir jetzt komplett neue Zähne, und wir werden richtig viel Spaß dabei haben, sie in deinem Mund erscheinen zu lassen."

Sie drückte im ganzen Mund des Kindes auf das Zahnfleisch, worauf dann an den jeweiligen Stellen ein Zahn nach dem anderen wuchs. Sie hätte sie auch alle auf einmal wachsen lassen können, aber Lucille spielte gerne. Alle Zähne des kleinen Kindes wuchsen perfekt. „Hat es weh getan, als die verfaulten Zähne herausgefallen sind?", fragte ich. Lucille erwiderte, das Kind habe nichts dabei gespürt. Dennoch meinte das kleine Mädchen, es habe „irgendwie gekitzelt", als die „Jesus-Zähne" in ihrem Mund wuchsen.

Ich saß einfach nur da und schüttelte den Kopf. Obwohl ihre Beschreibungen der Zähne in meinem Magen häufig eine Übelkeit auslösten, war ich doch mit Ehrfurcht über die Wunder erfüllt, die sie beschrieb.

Sie fragte mich dann: „Tommy, würdest du diese Art von Heilungen heutzutage nicht auch gerne in unseren Veranstaltungen sehen?" Daraufhin nickte ich zustimmend.

Was Schwester Lucille beeindruckte, war, dass die Wunder nicht auf das Wirken von Bruder Seymour beschränkt waren. Sie kommentierte: „Eine kleine Frau wie ich konnte einfach zu jemandem hingehen, einem Bein befehlen zu wachsen und es wuchs heraus. Ein ruiniertes Handgelenk wuchs wieder zusammen. Verfaulte Zähne wurden durch nagelneue Zähne ersetzt, und fehlende Zähne wuchsen nach."

Ich fragte, ob sie jemals jemandem gedient habe, der keinen einzigen Zahn mehr hatte. Sie antwortete: „Nein, das habe ich nie versucht." Neckisch sagte ich: „Na ja, du hättest es tun sollen."

Zurechtweisend erwiderte sie: „Ich habe dies einfach nie ausprobiert, Bruder Tommy."

Kleinlaut versuchte ich das Thema zu wechseln und bat sie, die Schechina-Herrlichkeit zu beschreiben. Ihre Augen erfüllten sich mit solch einer Freude, als sie mir erzählte, wie gerne sie mitten in der nebelartigen Wolke war. Körperlich war sie so klein, dass, wenn sie sich hinsetzte und die Wolke an Intensität zunahm, ihr der Nebel bis zum Nacken reichte. Wie ein Kind hatte sie dann Spaß und spielte darin. Oft legte sie sich einfach nur hinein und atmete ihn tief ein. Sie konnte die Energie darin spüren und beschrieb, dass es wie purer Sauerstoff für ihre Lungen war. Sie konnte die Wolke auch riechen. Der Duft war für sie wie der von Flieder. Andere beschrieben ihn wie einen Geruch von Rosen. Das Aroma war abhängig von dem Teil des Gebäudes, in dem man sich zu dem Zeitpunkt befand.

Wenn Bruder Seymour dort war und sie alle zusammen im Geist sangen, stieg die Schechina-Herrlichkeit auf und erfüllte den kompletten Raum. Man konnte dann viel besser atmen.

Schwester Lucille hatte eine enge Freundin namens Laura Langtroff, die 1955 nach Pisgah zog. Sie gehörte zu Azusa, nachdem Schwester Lucille sie eingeladen hatte, an der Erweckung teilzunehmen.

Als ich Schwester Laura in Pisgah traf, war sie in ihren Siebzigerjahren, 1,70 cm groß und wog etwa 75 kg. Wenn sie und Schwester Lucille zusammen waren, gaben sie ein lustiges Bild ab, da Lucille viel kleiner war als Laura.

Sie hatte sehr langes, dunkelbraunes Haar, welches sie in einem „Pfingstknoten" trug. Laura kam aus einer sehr wohlhabenden Familie und war auch selbst vermögend. Sie wollte aber lieber mit ihren Azusa-Freunden in Pisgah leben.

Wenn ich mich mit Schwester Laura unterhielt, erzählte sie mir, wie sie Azusa mit eigenen Augen erlebt hatte. Sie und Lucille arbeiteten beide mit vielen Menschen, die an Atemwegsproblemen litten. Sie liebten es, den Frauen zu dienen, besonders denen, die alt und schwach waren. Man erzählt sich, dass, wann immer eine Frau mit Krücken oder einem Stock hereinkam und in die Nähe von Schwester Laura gelangte, sie geheilt wurde und ohne Hilfsmittel die Versammlung wieder verließ.

Ich weiß noch, wie ich Schwester Laura fragte: „Bei wie vielen Wundern und Heilungen hast du direkt mitgewirkt?"

Einen Moment lang überlegte sie. „Ich habe jeden Abend teilgenommen, und es gab mindestens drei oder vier pro Abend!"

Sie erinnerte sich an einen neun oder zehn Jahre alten Jungen, der dämonisiert war. Seine Familie hielt ihn angeschnallt in einem Rollstuhl, da er sehr gewalttätig und schwer unter Kontrolle zu bekommen war. „Sei lieber vorsichtig, sonst könnte er dich beißen", erwähnte seine Familie. Er zischte und schäumte am Mund. Er war stark dämonisiert.

Schwester Laura war ganz aufgeregt und sagte: „Das wird ein Spaß werden!" Sie begann, sich mit dem Dämon zu unterhalten, bis jemand sie schließlich deswegen zurechtwies. „Laura, du sollst das tun, was du zu tun hast! Hör auf zu spielen!"

Daraufhin ergriff sie den Jungen am Kopf und nahm Autorität über den Dämon. „Komm raus, im Namen Jesu!" Der Dämon sagte, er werde herauskommen, und so geschah es. Doch wurde es mit dem Jungen nicht besser. „Er hat viele Dämonen", stellte sie fest. Mit einem breiten Lächeln sagte sie daraufhin: „Ich spreche jetzt mit dem nächsten Dämon, der das Sagen hat." Etwa eine Stunde verbrachte sie damit, die Dämonen auszutreiben. Kannst du dir vorstellen, wie viele das gewesen sein müssen?

Ich fragte sie: „Woher wusstest du, dass wirklich alle draußen waren?" Sie sagte mir, dass sie immer nach dem Nächsten fragte und dass irgendwann nichts mehr aus dem Mund des Kindes herauskam.

„Sind alle von euch hier herausgekommen?" Der Junge saß einfach nur da und schaute sie an. Sie fragte: „Wie heißt du?" Er teilte ihr seinen Namen mit, und sie fragte ihn: „Bist du frei von allen Dämonen?" Er nickte bejahend.

„Jetzt müssen wir dich im Heiligen Geist taufen. Dein Haus ist jetzt sauber, aber diese Dämonen werden mit siebenmal so vielen, die genauso oder schlimmer als sie sind, zurückkommen." Sie legte ihm die Hände auf und befahl ihm, den Heiligen Geist zu empfangen, woraufhin er anfing, in Sprachen zu sprechen.

Das hätte mir auch gefallen. Ich liebe es, Dämonen auszutreiben. Es macht solch einen Spaß. Als ich 1961 zu einem Urlaub nach Hause fuhr, hatte meine jüngere Schwester Judy einen Dämon. Sie konnte mich nicht leiden, weil ich ihr zu groß und dominant war. Wenn meine Mutter mir die Verantwortung überließ, wollte sie nicht das tun, was ich ihr sagte.

Eines Tages kam sie mit einem 30 cm großen Schlachtermesser und bösartigem Blick in das Wohnzimmer. Ich schaute sie an und sagte: „Dämon, du kommst jetzt heraus, in Jesu Namen!" Sie flog rückwärts gegen die Tür, glitt hinunter und dieses kleine haarige etwa 60 cm große Etwas kam aus ihr heraus. Ich sagte: „Raus, in Jesu Namen!" Es verschwand dann durch das Fliegengitter. Es hat das Gitter nicht zerrissen, doch konnte ich sehen, wie sich das Gitter wölbte, als es hindurchging. Daher weiß ich, dass Dämonen wirklich real sind.

Wenn du wüsstest, wie sie aussehen, wärst du darüber schockiert, überhaupt mit ihnen gekämpft zu haben, du würdest nur darüber lachen. Natürlich gibt es auch große, mächtigere Dämonen, doch hat selbst ein Kind, das errettet ist, Macht über sie.

Das nächste Wunder von Schwester Laura scheint weniger bedeutend zu sein, jedoch nicht für die Frau, die das Problem hatte. Es gab eine Frau bei Azusa, die ein eher außergewöhnliches Anliegen hatte – sie rülpste ziemlich oft. Sie schämte sich zu sehr, um zu einem der Männer zu gehen, und fand schließlich Schwester Laura. Die Frau sagte, sie habe es schon mit Medizin versucht, aber nichts habe geholfen.

„Wie lange musst du schon so viel aufstoßen?", fragte Laura. „Seit etwa 15 Jahren." Sie sagte, sie habe auf einer Familienfeier eine Art Suppe gegessen. Daraufhin fing sie an aufzustoßen. Jede fünfte oder sechste Minute rülpste sie.

„Oh, gut, ich denke, das ist ein einfacher Fall."

Schwester Laura legte ihr die Hände zuerst unterhalb des Halses auf, dann auf ihren Bauch und betete für sie. „Komm morgen zurück und berichte mir, ob du aufgehört hast zu rülpsen."

Die Frau kam schon etwa eine Stunde später wieder und sagte: „Ich habe nicht mehr aufgestoßen."

Am darauffolgenden Abend kam sie ebenfalls wieder und erzählte Schwester Laura: „Ich habe nicht mehr gerülpst. Es fühlt sich so gut an!"

Kurz nachdem wir unser Gespräch angefangen hatten, stellte ich Schwester Laura dieselbe Frage wie jedem Heiligen: „Welches Wunder, an dem du beteiligt warst, war das größte?" Schwester Laura erzählte mir daraufhin von einem der erstaunlichsten Wunder, an denen sie beteiligt war – es ist gleichzeitig eines der aufregendsten Wunder, die bei Azusa geschehen sind.

Hier die Geschichte: Eine Dame, die einen langen Stock in der Hand hatte, kam in die Versammlung. Sie konnte kaum atmen und sah aus wie ein Skelett. Sie hatte sich etwa um 15 Uhr auf den Weg zur Azusa Street begeben, erreichte das Lagerhaus aber nicht vor 18 Uhr, obwohl sie nur 3 km von Azusa entfernt wohnte. Wie ein Kind, das gerade laufen lernte, kam sie einen kleinen Schritt nach dem anderen voran, indem sie ihren Stock vor sich platzierte und ihren Fuß nachzog. Diesen ermüdenden Prozess wiederholte sie, bis sie schließlich die Erweckungsveranstaltung erreichte.

Sie erinnerte mich an die Frau in der Bibel, die wusste, dass sie geheilt werden würde, wenn sie nur den Saum des Gewandes Jesu berührte. An diesem Abend in der Azusa Street war diese Frau fest entschlossen, geheilt zu werden. Sie kam herein und schaute sich um, als würde sie den Raum durchforschen. Irgendwann trafen ihre Augen die von Laura. Mit dem Finger auf sie zeigend, sagte sie: „Dies ist die Dame, von der ich möchte, dass sie für mich betet."

Schwester Laura ging zu ihr hin und sagte: „Mutter, was kann ich für Sie tun?" Ihre nächsten Worte waren tief bewegend. „Wenn Gott mich nicht heilt, werde ich die Nacht nicht überleben. Ich werde sterben. Die Ärzte sagen, dass der Krebs meine Lungen aufgefressen hat. Ich kann kaum noch atmen. Seit nun schon einem Jahr habe ich ständig an Gewicht verloren."

Diese liebevolle, kraftlose, ältere Dame wog lediglich noch etwa 30 kg und war circa 1,60 m groß. Sie bestand förmlich nur noch aus Haut und Knochen. Schwester Laura legte ihre Hände auf sie und betete für sie.

Sofort war sie in der Lage, normal zu atmen. In den darauffolgenden drei Stunden, nahm sie vor Ort beachtliche 20 kg zu, obwohl sie überhaupt nichts aß, sondern lediglich die Schechina-Herrlichkeit einatmete. Sie sagte: „Meine Lungen tun nicht mehr weh; ich kann so atmen, wie ich es als junger Mensch konnte."

O ja, an diesem Abend gab es ein großes Fest. Schwester Laura war gerne öfter mal laut. Als sie mit dieser liebevollen Heiligen feierte, löste sich ihr Dutt und die Haarnadeln flogen in alle Richtungen.

Wäre dies das Ende dieser Geschichte, wäre allein dies schon erinnerungswürdig. Aber sie geht noch weiter. Kurz nach dem Besuch in der Lagerhalle suchte die Dame ihren Arzt Thomas Wyatt auf. Da er sie nicht erkannte, bat er sie, die Formulare für einen Erstpatienten auszufüllen, als sie seine Praxis betrat. Als sie ihm erzählte, wer sie war, konnte er nicht glauben, dass sie dieselbe Person war.

Nach einigen Tests und Untersuchungen teilte er ihr mit, alle ihre inneren Organe, auch die Lungen, seien wie neu. Voller Staunen sagte er: „Es ist unmöglich, dass Sie seit dem letzten Mal, als ich Sie gesehen habe, so viel Gewicht zunehmen konnten. Das ist unmöglich!"

Kühn antworte sie ihm: „Ich weiß, das hätte ich nicht können. Aber Gott konnte es." Dr. Wyatt rief aus: „Sie gehen zu dieser Lagerhalle, nicht wahr?"

Nachdem er mit ihr zusammen die Erweckung besuchte, praktizierte er innerhalb von wenigen Monaten keine traditionelle Medizin mehr! Dr. Wyatt gründete daraufhin „Flügel der Heilung", wo er Wunder in Hülle und Fülle erlebte. Er erzählte den Heiligen von Azusa, die Frau, die von Krebs und Lungenversagen geheilt worden war, hätte eigentlich schon sechs Monate vorher sterben müssen. Ihr Glaube hatte sie nicht nur geheilt, sondern stärkte und bewahrte sie auch auf ihrer fest entschlossenen Reise, Gott und die wunderbare Kraft, die in Azusa auf sie wartete, zu finden.

Die Geschichte wird sogar noch besser. 2007 erhielt ich eines Tages einen Anruf. Die Frau am anderen Ende sagte: „Bruder Tommy?"

Ich sagte: „Ja, hier ist Bruder Tommy."

Sie sagte: „Die Geschichte von der Frau mit dem Stock – das war meine Großmutter."

Diese Frau, die nun schon in ihren späten Achtzigerjahren war, weinte und erzählte: „Häufig saßen wir in einer Runde und Großmutter erzählte uns die Geschichte, wie sie mit ihrem Stock zur Azusa Street ging." „Wirklich?" Ich war überrascht.

Sie sagte: „Ja. Einige Leute versuchen zu sagen, dass Dr. Wyatt gar nicht wirklich in der Azusa war. Leute versuchen diese Geschichte in Verruf zu bringen. Lass dich nicht veräppeln, Tommy. Glaube ihnen nicht!"

Unter Tränen fuhr sie fort: „Mein Ehename ist Wyatt. Ich heiratete Thomas Wyatts Enkelsohn. Thomas Wyatt war wirklich der Arzt meiner Großmutter."

Wie findest du das? Die Enkeltochter der Frau mit dem Stock heiratete den Enkel des Arztes! Immer noch emotional sagte die Frau: „Ich wollte einfach nur, dass du weißt, dass sie meine Großmutter war." Dann legte sie auf. Ich hätte mich gerne noch weiter mit ihr unterhalten, aber mein altes Telefon speicherte die Nummer nicht und sie war weg. Was für ein Ausgang dieser Geschichte!

Schwester Lucille und Schwester Laura, die beide reich waren, fanden in der Azusa Street etwas, was man nicht kaufen konnte. Sie fanden in dieser Halle eine Freundschaft, die vom Himmel geschmiedet wurde. Diese Freundschaft war auch nach sechzig Jahren immer noch stark und unzerbrechlich.

KAPITEL 7

Geht hinaus in alle Welt

Wir begrüßen Bruder Fox.
Alter, als er zur Azusa Street kam: 18

Azusa war ein göttlicher Trainingsplatz, ein himmlisches Ausbildungslager auf Basis der Bibelstelle „Dein Königreich komme, dein Wille geschehe" (vgl. Mt 6,9-10) und von Gott persönlich geleitet. Die Welt kam zu Azusa, um Heilung zu suchen, und kehrte erneuert, inspiriert, verändert und bereit, von Gott gebraucht zu werden, in ihre Länder zurück.

Gott gebrauchte diese große Ausgießung nicht nur, um den aktuellen Nöten zu begegnen, sondern auch um Menschen vorzubereiten, den Bedürfnissen seiner Kinder auf der ganzen Welt zu dienen. Er brachte junge Menschen dorthin, um sie für das Missionsfeld zu Hause und auf dem ganzen Globus zu trainieren. Junge und alte Menschen entdeckten gleicherweise die grenzenlose Kraft Gottes und wie sie von ihm gebraucht werden konnten, um seine Werke zu tun.

Einer dieser Jugendlichen war Bruder Fox. Mit 18 kam er zur Azusa, um sich auf das Missionsfeld in Indien und die Arbeit für Gott vorzubereiten. Damals war Ralph Riggs etwa 14 Jahre und C. W. Ward um die 16 Jahre alt. Etwa 18 Monate lang erlebte Bruder Fox die Wunder und Heilungen in der Lagerhalle und wirkte bei diesen mit. Mit 20 Jahren war er dann schon dabei, all das, was er bei Azusa gelernt hatte, zu gebrauchen, um die lebensverändernde Kraft Gottes nach Indien zu bringen.

Als ich Bruder Fox 1963 traf, hatte er sich gerade in den Ruhestand begeben und sich in Pisgah niedergelassen, um dort seine besonderen Freundschaften mit vielen Heiligen der Azusa Street zu erneuern. Er war in seinen frühen Siebzigerjahren, gut 1,70 m groß und wog circa 70 kg. Er hielt sein glänzendes, silbernes Haar relativ lang und kämmte es gerade nach hinten. Sein Haar glänzte so sehr, dass es anfing zu leuchten, wenn er in die Nähe eines Lichtes kam.

Ich hatte von Zeit zu Zeit das Vorrecht, mit ihm in der Straßenbahn zu fahren, wenn er den Menschen dort Zeugnis gab. Zwischendurch erzählte er mir dabei über seine Erlebnisse in Indien. Was die Geschichten über Azusa anging, besuchte ich ihn jedoch in seiner Wohnung, setzte mich mit meiner Milch und ein paar Keksen zu seinen Füssen und hörte ihm aufmerksam zu.

Er erzählte mir, er sei vom Wirken Gottes sehr ergriffen gewesen und die Manifestation der Kraft Gottes habe sich je nach Intensität der Schechina-Herrlichkeit verändert – denn je dicker die Wolke war, desto größer waren die Wunder. Er hatte auch großen Respekt vor William Seymour, den er als einen sehr tiefgründigen Mann Gottes betrachtete.

Fox war dabei, als Gott einige der kreativsten Wunder durch Seymour wirkte. Er hörte von Gott, dass auch er selbst ähnliche Wunder wie Seymour erleben würde, allerdings in anderen Ländern – ein Wort, welches immer wieder in Erfüllung ging, als Fox in Indien diente. Als Fox von Azusa wegging, nahm er die Salbung mit sich, aber die Schechina-Herrlichkeit konnte er nicht mitnehmen. Er sagte mir, nach seiner Kenntnis sei die Schechina-Herrlichkeit einzigartig für die Azusa-Street-Erweckung gewesen.

Während er bei Azusa war, wollte sich Bruder Fox von Gott so gebrauchen lassen, dass er so viele wie möglich heilte. Eine besondere Liebe empfand er für die Tauben und Stummen. Er betete für sie und flüsterte in jedes Ohr: „Du tauber Geist, du kommst jetzt heraus, in Jesu Namen." Er berichtete, dass er ein kleines Poppen und ein „Zischen" hörte, wenn das Ohr geheilt wurde. Er ging dann zur nächsten Person und tat das Gleiche.

Wenn jemand nicht sprechen konnte, legte er seine Hände auf den Hals der Person. Er sagte: „Ich bin nicht einer derjenigen, welche ihre Hand in den Mund der Leute stecken würde, da sie vielleicht vor lauter Freude einen Finger hätten abbeißen können." Er erzählte, er habe im Namen Jesu gebetet und sie hätten dann manchmal angefangen zu sprechen. Meist mussten sie jedoch erst einmal sprechen lernen und gaben zunächst nur irgendwelche Geräusche von sich.

Bruder Fox erinnerte sich an einen Mann, dessen Hals durch ein Krebsgeschwür geschwärzt war. Sein Rachen war schon so zerfressen, dass er nicht mehr sprechen konnte. Fox betete für ihn und legte dabei seine Hand auf die Geschwulst, die aus seinem Hals herausragte. Als er nach dem Gebet auf die schwarze Fläche schaute, sagte Bruder Fox: „Ich sehe keine Veränderung. Irgendetwas stimmt hier nicht."

Er fragte den Mann: „Glauben Sie denn?"

Der Mann nickte.

„Lassen Sie es uns noch einmal tun!" Mit diesen Worten betete Bruder Fox ein zweites Mal. Als er dieses Mal seine Hände wegnahm, waren die Schwärze und das Geschwür verschwunden.

Er wies den Mann an: „Sprechen Sie!"

Dem Mann platzten die Worte heraus: „Ich kann nicht!"

Fox sagte: „Sagen Sie das noch einmal."

Der Mann stellte fest, dass gerade ein Wunder geschehen war und er wieder sprechen konnte. Der Krebs war verschwunden, und sein Hals war komplett wiederhergestellt. Sogleich fing der Mann an zu jubeln und zu schreien. Bruder Fox, ein reservierter Gentleman, stand einfach nur da und staunte mit einem breiten Lächeln im Gesicht über das Wunder.

Das war Gottes Vorbereitung für die großen und mächtigen Wunder, die Fox in Indien tat. Eines, was der Heilige Geist ihn lehrte, war, dass die Menschen nicht nur einer nach dem anderen geheilt werden. Er erinnerte sich an einen Lehrer der Zeichensprache, der seine Klasse, die aus völlig tauben Menschen bestand, zur Versammlung brachte.

„Warum habe Sie sie hierhergebracht, wenn Sie ihnen doch eigentlich die Gebärdensprache beibringen wollen? Da all die Leute heute geheilt werden, werden sie danach arbeitslos sein", überraschte ihn Bruder Fox.

Der Lehrer, der sich scheinbar über seine Jobsicherheit keine Gedanken machte, antwortete darauf mit offensichtlichem Unglauben: „Sie sprechen, als würden sie gleich alle wieder hören können."

„So ist es! Sie werden alle geheilt sein!" Der Heilige Geist ermutigte Bruder Fox, diese Worte zu sprechen.

Es handelte sich um eine Gruppe von etwa 35 tauben Menschen. Ohne zu zögern versuchte Bruder Fox, den Menschen mit Gesten zu vermitteln, dass sie sich alle an den Händen fassen und einen Kreis bilden sollten. Er schaute den Lehrer an, der danebenstand, und sagte ihm: „Offenbar haben Sie keinen großen Glauben. Deshalb begeben Sie sich lieber zur Seite."

„Nun werde ich meine Hände auf diesen Mann hier legen und mit ihm beginnen." Fox erkannte, dass sie kein einziges Wort, das er sagte, verstehen konnten. Der Lehrer fing an, über ihn zu lachen, da er ebenfalls wusste, dass sie ihn nicht hören konnten. Ohne zu zögern flüsterte Bruder Fox in das Ohr des ersten Mannes und befahl dem Geist herauszukommen. Das Wunder geschah sofort.

Sobald der einst taube Mann hören konnte, geriet dieser in Begeisterung. Als die anderen sahen, dass er voller Freude war und hören konnte, wurde einer nach dem anderen geheilt – wie in einer Reihe von Dominosteinen. Innerhalb weniger Minuten waren alle geheilt und der Lehrer war arbeitslos.

Fox hatte nur den ersten Mann im Kreis berührt. Ab dann übernahm Gott das Steuer und ließ seine Kraft durch die miteinander verbundenen Hände fließen, sodass jeder in diesem Kreis berührt wurde.

Ich saß da und hörte Bruder Fox zu, wie er seine Geschichten über die Azusa und Indien erzählte – und über die mächtigen Wunder, für die Gott ihn gebrauchte. Ich konnte nicht umhin, als mich an die Worte zu erinnern, die in Johannes 14,12 stehen. Dort sagte Jesus seinen Jüngern: *„Wahrlich, wahrlich, ich sage euch: Wer an mich glaubt, der wird auch die Werke tun, die ich tue, und wird größere als diese tun, weil ich zum Vater gehe."*

Bruder Fox wurde in der Azusa für die Arbeit des Königreichs trainiert und brachte den Geist Gottes nach Indien. Dort wurden die Blinden sehend, die Lahmen konnten gehen, die Kranken wurden gesund und wunderbare Heilungen waren ganz alltäglich. Das Einzige was ihm fehlte war die Schechina-Herrlichkeit.

Kapitel 8

Geblendet durch das Licht

Wir begrüßen Bruder Brown.
Alter, als er zur Azusa Street kam: 16

„Lass die Vergangenheit hinter dir und schau nach vorne." Philipper 3,13 spricht darüber, nicht in die Vergangenheit zurückzuschauen. Kannst du dir vorstellen, wie lähmend es für Paulus gewesen wäre, wenn er auf das, wer er gewesen war und was er getan hatte, zurückgeschaut hätte? Ein Zurückschauen, sei es auf schlechte oder gute Dinge, kann die Gegenwart lähmen und die Zukunft blockieren. Der liebe Bruder Brown stellte hierfür ein gutes Beispiel dar. Ich traf Bill Brown 1960. Er war erst etwa sechs Monate vor meiner Ankunft nach Pisgah gekommen, um sich dort zur Ruhe zu setzen. Er war etwas über 1,80 m groß, mittelkräftig gebaut, und wog etwa 90 kg.

Er wohnte im gleichen Wohnheim wie ich und wollte ständig über Azusa sprechen. Und tatsächlich war das alles, worüber er sprechen wollte. Von Zeit zu Zeit gingen wir zusammen hinunter zum Speisesaal, und er fühlte sich wie im Himmel, wenn er eine Chance bekam, seine Tage bei Azusa noch einmal zu durchleben.

In der Azusa Street hatte Bruder Brown gerne den Blinden gedient. Er sagte mir, dass er während seiner Anwesenheit in der Azusa an der Heilung von insgesamt 50 blinden Menschen beteiligt gewesen war, und dass jede einzelne immer augenblicklich geschehen war.

Ich fragte Bruder Brown, ob es in seiner Erinnerung eine bestimmte Heilung gab, die besonders hervorstach. Er berichtete daraufhin von einer Frau, deren Augen völlig dunkel und fast schwarz waren. Es war überhaupt kein Weiß zu erkennen, da sich dies nie entwickelt hatte. Sie war von Geburt blind gewesen. Der Grund, warum er sich gerade an dieses Wunder so gut erinnern konnte, war, dass, als sie ihre Augen nach dem Gebet öffnete und erkannte, dass sie nun sehen konnte, sie einen entsetzlichen Schrei von sich gab, der ihn einen Moment lang in Angst versetzte, sodass er vor ihr zurückwich. Bruder Brown sagte, er sei selbst kurz davor gewesen, einen lauten Schrei von sich zu geben. Ihr Schrei war so plötzlich und unerwartet, dass es ihn vollkommen überraschte. Als sie jedoch beide den Schock überwunden hatten, fingen sie an zu jubeln.

Nicht alle seine Wunder handelten von Blinden. Er war auch an Wundern mit Verkrüppelten, Deformierten und denjenigen, die aufgrund verschiedener Krankheiten und körperlicher Behinderungen an einen Rollstuhl gebunden waren, beteiligt. Er erinnerte sich, dass er eines Tages zu einem Mann hinging, der auf einem Feldbett lag. Bruder Brown fragte ihn: „Möchten Sie geheilt werden? Möchten Sie Ihr Bett aufnehmen und es nach Hause tragen?"

Der Mann blickte zu ihm auf und lächelte. „Ja!" Seine Antwort war einfach, aber klar. Bruder Brown betete für ihn, und sofort stand er auf, klappte sein Feldbett zusammen und marschierte los, um Gott anzubeten.

Bevor der Mann das Treffen verließ, ging er noch einmal zu dem Bett, an das er gebunden gewesen war. Er hob es auf und trug es fort, während er über seine Heilung jubelte.

Während Schwester Carney und die Brüder Wards, Riggs und Anderson umherliefen, um nach Menschen zu suchen, denen sie dienen konnten, war Bruder Brown etwas zurückhaltender.

Er war eher ein Alleingänger, und er streifte umher, um hauptsächlich nach blinden Menschen Ausschau zu halten, denen er dienen könnte.

Auch nachdem die Schechina-Herrlichkeit verschwunden war, kam Bruder Brown noch mehrere Jahre immer wieder zur Azusa, wo Seymour immer noch predigte. Er kam nicht mit der Erwartung, noch einmal zu erleben, dass Gott dort Wunder tat, sondern eher um Trübsal zu blasen, und dem nachzutrauern, was einst gewesen war. Er saß in den Treffen und weinte um den Verlust des Gestern.

Geblendet durch das Licht

Als ich ihn dann Jahrzehnte später traf, erzählte er mir, er habe sein Leben lang damit verbracht, sich an das, was in der Azusa passierte, zu erinnern, sei jedoch niemals weitergegangen. Er teilte mir wehmütig mit, er hätte doch eigentlich das Evangelium predigen oder ein Missionar werden sollen, so wie Bruder Fox oder Bruder Lake. Mit den „Assemblies of God" und „The Church of God in Christ" sind mindestens zwei große Denominationen entstanden – durch Azusa-Leiter wie Ralph Riggs, C. W. Ward und Charles Harrison Mason.

Mit Bedauern erzählte er mir, er habe das Ziel bzw. den Willen Gottes für sein Leben verpasst. Über fünfzig Jahre lebte er in der Vergangenheit, saß herum und tagträumte über die vergangenen Jahre der Azusa. Verschwendete Jahre!

Nun, als Pensionär, seine produktiven Jahre hinter sich, ließ er sich unter den Heiligen der Azusa nieder, um dort seine Geschichten mit denen zu teilen, die ihn verstanden, und um mit ihnen zusammen noch einmal das Vermächtnis von Azusa zu durchleben.

Wenn Bruder Brown einmal nicht von seiner Vergangenheit erzählte, sah man ihn irgendwo in Pisgah sitzen, während Tränen über sein Gesicht rollten und er über den Verlust der Schechina-Herrlichkeit weinte.

„Es wird zurückkommen, Bill", sagte ich dann zu ihm. „Erinnerst du dich an die 100-Jahr-Prophetie?"

Daraufhin nickte er und sagte: „Ja, aber ich werde nicht hier sein. In vierzig oder fünfzig Jahren werde ich nicht hier sein."

Oft verließ ich das Treffen mit Bruder Brown mit einem bittersüßen Beigeschmack. Ich teilte seine Freude über all das, was in der Azusa geschah, fühlte mich aber hilflos angesichts der ständigen Melancholie dieses lieben Bruders. Wie konnte jemand, der von Gott gebraucht worden war, um so viele blinde Menschen zu heilen, selbst so blind sein?

KAPITEL 9

Der Gott der kleinen Dinge

Wir begrüßen Bruder Cantrell.
Alter, als er zur Azusa Street kam: 21

Bruder Cantrell war derjenige, der immer meine Frisur ruinierte, wenn er für mich betete. Doch jedes Mal, wenn er betete, wurde ich geheilt. Cantrell war etwa 1,70 m groß, und so musste er sich ein wenig strecken, um meinen Kopf auf knapp 1,90 m Höhe zu erreichen.

Ich erinnere mich immer noch lebhaft daran, dass er stets einen Hut trug, außer wenn er in der Kirche war. Obwohl er alleinstehend war, backte er frische Kekse und hielt auch immer ein Glas kalte Milch bereit, das für unsere langen Gespräche auf mich wartete. Einmal im Monat ging ich zu seiner Wohnung, die sich schräg gegenüber von Pisgah befand. Während er mir, auf einem gepolsterten Stuhl sitzend, seine Geschichten erzählte, saß ich auf einem kleinen Teppich zu seinen Füßen.

Wenn er erzählte, zeigte er nie viele Emotionen. Er war höflich, nett und freundlich, aber eben nicht sehr emotional.

Zu Beginn unseres Treffens fragte ich ihn, ob er persönlich große Wunder erlebt habe. Er antwortete: „Jeder, der die Azusa für längere Zeit besuchte, erlebte große Wunder – insbesondere, wenn jemand mindestens einmal in der Woche dort war, war er an Wundern beteiligt!"

„Gott lehrte mich tatsächlich etwas sehr Kostbares in der Azusa", sagte Bruder Cantrell. Es gab dort einen Mann, der nach seiner Taufe im Heiligen Geist anfing, wie eine Ente zu quaken. Ich dachte, der Mann verspotte die Taufe, und war darüber bestürzt. Ich dachte mir: „Das ist doch keine Sprache!"

„Viele Jahre später, in den 1930ern, sah ich im Fernsehen einen Bericht über einen Stamm, der sich an einem Ort namens Quackland befand. Ihre Sprache klang ähnlich der von Enten. Ich erkannte, dass ich mich über diesen armen Mann geärgert hatte, der nicht mehr getan hatte, als in der Sprache von Quackland zu sprechen. Ich habe daraus gelernt, nie wieder die Taten Gottes in Frage zu stellen, wie einzigartig sie auch erscheinen mögen."

Und „einzigartig" ist wirklich das richtige Wort für das nächste Wunder, das Bruder Cantrell beschrieb. Es handelte von einem Mann, der 23 Jahre lang Schluckauf gehabt hatte. 23 Jahre lang.

„Ich weiß nicht warum. Ganz plötzlich begann ich zu hicksen", sagte der Mann. Ungefähr jede Minute musste dieser Mann hicksen, und fuhr fort zu reden und hickste. Als der Schluckauf begann, wollte er eigentlich ein Country-und-Western-Sänger werden, konnte dann aber seinem Traum nicht mehr nachgehen.

Bruder Cantrell sagte: „Mann, das würde ich hassen! Das ist schrecklich!"

Er legte seine Hand auf die Brust und den Rücken dieses Mannes und begann zu beten. Später kam der Mann zurück und fragte: „Wie lang bin ich hier gewesen?"

Bruder Cantrell antwortete: „Ich weiß es nicht – mindestens ein paar Stunden."

Er erwiderte: „Ich habe nicht gehickst. Ich habe ganze zwei Stunden nicht gehickst!" Dieser Mann war vollkommen befreit von diesem scheinbar kleinen Problem. Aber stellen Sie sich mal vor, Sie müssten all diese Jahre jede Minute hicksen. Für ihn war es wirklich keine kleine Sache.

Ich fragte Bruder Cantrell nach seinem interessantesten Wunder. Fast völlig emotionslos saß er da und erzählte mir die Geschichte über einen Mann, der ein verkürztes Zungenbändchen hatte. Er war Ende zwanzig und anstatt zu sprechen, konnte er nur nuscheln. Bruder Cantrell konnte den Mann nicht verstehen und sagte schließlich: „Wir hören jetzt auf zu reden und werden dich heilen, damit ich dich verstehen kann."

Der Mann nickte und Bruder Cantrell legte seine Hände auf ihn und bat ihn darum, seine Zunge herauszustrecken. Mit Gesten versuchte der Mann zu vermitteln, dass er dies nicht konnte. Deshalb schob Bruder Cantrell seine Hand in dessen Mund und berührte dessen Zunge.

Mit autoritärer Stimme befahl er: „In Jesu Namen, Zunge, ich befehle dir frei zu sein!" Und auf wunderbare Art und Weise war dieser Mann nun fähig, seine Zunge herauszustrecken. Bruder Cantrell schaute auf die nun gelöste Zunge des Mannes und fragte: „Kannst du nun sprechen?"

Der Mann erwiderte: „Ich weiß nicht." Dann merkte er, dass er mit einer ganz normalen Stimme sprach und geriet darüber in absolute Begeisterung. Er rannte los und rief: „Glory! Halleluja!" Er konnte nun perfekt sprechen. Er musste nicht erst lernen zu sprechen; es war für ihn nur nötig, dass seine Zunge gelöst wurde.

Bruder Cantrell war persönlich in ein oder zwei Wundern pro Woche involviert, wurde aber Zeuge von Tausenden von Wundern. Er selbst war etwa 21 Jahre alt, liebte es aber, den Teenagern, wie Riggs, Ward, Anderson und Carny, zuzuschauen. Diese rannten herum, waren begeistert und hatten ein Lächeln im Gesicht, während sie für die Menschen beteten und Gott durch sie übernatürliche Wunder wirkte.

Dieser Mann Gottes war während seiner gesamten Lebenszeit ein Gefäß für Gottes Liebe. Er predigte jahrzehntelang in der *Foursquare Church* und arbeitete mit Aimee Semple McPherson zusammen. Ich sah ihn niemals mit einem finsteren Blick oder wirklich lachend, doch schmückte jederzeit ein Lächeln sein Gesicht.

Kapitel 10

Guter und treuer Knecht

Wir begrüßen Schwester Goldie.
Alter, als sie zur Azusa Street kam: 18

Schwester Goldie ist jemand ganz Besonderes für mich. Sie war diejenige, die an jenem Tag in Venice Beach direkt auf mich zugekommen war, und sie war es auch, die von Gott gebraucht wurde, um mich zu Christus als meinem persönlichen Erretter zu führen. Auch öffnete sie mir die Welt zur Azusa Street, indem sie mich nach Pisgah brachte, um mit den Heiligen zu leben. Ich muss ihr wohl sehr viel bedeutet haben, da sie mich anderen Menschen als ihren Sohn vorstellte. Ich lächelte die Leute dann einfach nur an. Sie war wirklich für mich wie eine Mutter und verwöhnte mich. Sie kaufte mir meine erste Bibel, auf der mein Name stand, und kaufte mir sogar meinen ersten Frack, mit den passenden Schuhen dazu.

Schwester Goldie lebte in Venice Beach, kam aber einmal im Monat nach Pisgah. Sie kam immer früh an, damit sie mir ihre Geschichten erzählen konnte. Wie unter den „Heiligen" üblich, brachte sie ihre selbstgemachten Schokoladenkekse und kalte Milch mit, die sie direkt nach dem Aussteigen aus dem Bus noch in einem Laden besorgte. Mit den Keksen und der kalten Milch in der Hand ging sie dann nach Pisgah.

Wir trafen uns im hinteren Bereich des Speisesaals, wo sich einige Sofas und Sessel befanden. Am Anfang waren es nur wir beide, aber nach einigen Monaten hatte sie stets eine ganze Audienz junger

Leute und Erwachsener, die unbedingt ihre Geschichten über die mächtigen Wunder Gottes hören wollten. Dazu brauchte es keine Überredungskunst. Einer der Hauptgründe, warum sie jeden Monat nach Pisgah kam, war die Möglichkeit, ihre Geschichten erzählen zu können. Sie liebte es, jene Momente, die sie Gott dienend bei Azusa verbracht hatte, noch einmal zu durchleben.

Im Jahr 1908, mit ungefähr 18 Jahren, begann sie, die Azusa-Erweckung zu besuchen, und tat dies etwa zwei Jahre lang. Sie war schon Christ und brauchte keine Heilung, wollte aber ein Teil von dem sein, was passierte. Einige Tage lang beobachtete sie Schwester Carney – was sie tat und wie sie es tat –, dann hielt sie nach Menschen Ausschau, die sie selber segnen konnte.

Schwester Goldie fühlte sich zu Menschen, die körperlich verunstaltet waren, hingezogen. Einer von ihnen, ein junger Mann, hatte einen krummen Arm. Einige Jahre zuvor hatte er sich bei einem Ballspiel in der Schule seinen Arm gebrochen. Aus irgendeinem Grund war er nie zum Arzt gegangen und die Knochen waren somit nicht gerichtet worden. Sie schaute den Mann an und sagte: „Das wird Spaß machen."

Der junge Mann schaute sie an und frage: „Das wird was machen?"

„Spaß wird es machen!", erwiderte sie.

Sie nahm seinen deformierten Arm in die eine Hand und berührte die verbogene Stelle mit ihrer anderen. Sie schaute zielgerichtet auf den Arm und sagte: „Ich nehme alle Autorität über dich und befehle dir, im Namen Jesu gerade zu werden!" Augenblicklich und auf wundersame Weise wurde der Arm gerade und war geheilt – ohne ein Geräusch oder Knacken. Er wurde ganz leise normal.

Eines Tages, gegen Ende des Jahres 1907, kam eine Frau, die Mitte Vierzig war, in die Gemeinde und watschelte zu Schwester Goldie hin. Ja, das ist richtig. Sie watschelte wie ein Pinguin. „Seit wann befindest du dich in diesem Zustand?", fragte Goldie.

„Es begann in meinen Teenagerjahren, aber nicht so schlimm. Und nun drehen sich meine Füße immer weiter nach außen." Sie waren so weit nach außen gedreht, dass sie fast in die entgegengesetzte Richtung zeigten. Selbst mit Hilfe einer Gehhilfe konnte sie nur mit größter Mühe gehen. Und diese waren zu jener Zeit eher selten.

„Mann o Mann. Wir müssen das sofort beenden. Lasst uns ins Gebet gehen." Schwester Goldie betete: „Gott, ich möchte nicht, dass es langsam geschieht. Ich möchte, dass diese Frau geheilt ist." Jeder, der in der Nähe war, schrie: „Im Namen Jesu!"

Sie beobachteten und warteten. Nichts. Die Frau fing an zu sprechen, aber Goldie unterbrach sie. „Sei still, pass auf, pass auf!" Dann, ganz plötzlich, hörten sie, wie es anfing, leise zu knacken. Langsam richteten sich ihre Füße nach innen. Als sie wieder gerade waren, sagte die Frau: „Genug! Es ist genug!", da sie nicht wollte, dass sich ihre Füße zu weit nach innen drehten.

Schwester Goldie fragte: „Schwester, kannst du jetzt gehen?"

„Nein", antwortete sie.

„Nun gut. Lass deine Gehhilfe hier bei mir stehen." Die Frau fing an, ein paar Schritte zu gehen, drehte sich um und kam zurück. Goldie ermutigte sie: „Versuche jetzt, ein bisschen schneller zu laufen."

Kurze Zeit später rannten die Frau und Schwester Goldie in der Azusa Street um die Wette. Vollkommen wiederhergestellt, kam sie danach immer wieder zur Gemeinde.

Natürlich kam kurze Zeit später auch ihr Ehemann mit ihr mit. Auch er wollte sehen, was dort geschah, da er selbst unter einer Leberzirrhose litt. Und natürlich wollten sie zu Schwester Goldie.

Bevor Schwester Goldie für ihn betete, warnte sie ihn: „Pass auf! Auch wenn ich etwas Ungewöhnliches tue, möchte ich, dass du es zulässt. Möchtest du geheilt werden?" Er antwortete: „Ja!"

Sie legte ihre Hände auf seinen Bauch. Kurz bevor sie den Namen Jesu rief, zog sie ihre rechte Hand zurück und ballte sie zu einer Faust. Dann befahl sie: „Im Namen Jesu, sei geheilt!" Bang! Sie schlug ihn direkt auf die Brust! Obwohl ihm der Schlag wehtat, schien er von da an keine Probleme mehr zu haben.

Um dies zu bestätigen, ging er zu seinem Arzt. „Wir verstehen das nicht", sagte der Arzt. „Es ist, als hätten Sie die Leber eines Achtzehnjährigen." Gott hatte ihm eine neue Leber gegeben! „Jetzt hören Sie aber auf zu rauchen und zu trinken", kommentierte der Arzt. Und natürlich tat er dies auch. Beide wurden Mitarbeiter in Gemeinden.

Für mich klang diese Hau-drauf-Methode mehr nach Allan, Cole oder Jaggers, und deshalb fragte ich Schwester Goldie: „Warum hast du ihm auf die Brust geschlagen?"

„Gott sagte mir: ‚Schlage ihn auf die Brust!' Er sagte nicht: „Klopfe ihm", sondern: „Schlag ihn." Schwester Goldie nahm es wörtlich. „So ballte ich meine Faust und schlug ihn."

Wie ich bereits erwähnte, wurde Schwester Goldie zu Menschen mit offensichtlichen körperlichen Behinderungen oder unschönen Geschwüren in ihren Gesichtern regelrecht hingezogen und betete für sie. Die meisten Menschen tolerierten kleinere Wucherungen in ihrem Gesicht und streckten sich daher diesbezüglich nicht nach Heilung aus. Aber Schwester Goldie dachte ganz anders. Sie sagte ihnen: „Gott kann das bereinigen. Das ist doch nicht schön. Es sieht hässlich aus, und Gott möchte nicht, dass du hässlich bist."

Nach den ersten Heilungen, bei denen diese Wucherungen und Tumore einfach in ihre Hand abfielen, trug sie stets Handtücher und eine kleine Kehrschaufel bei sich. Manchmal musste sie die Stelle, von welcher der Tumor oder das Gewächs abgefallen war, verbinden, da noch eine Wunde im Fleisch war. Und manchmal geschah die vollkommene Heilung nicht augenblicklich. Der Tumor fiel zwar ab, aber der Heilungsprozess verlief noch über mehrere Stunden – sogar die Nacht hindurch.

Sie konnte sich daran erinnern, wie sie einmal einen großen Tumor untersuchte, der nach ihrem Gebet bei einer Frau abgefallen war. „Man konnte sehen, wie kleine schwarze Dinge darin arbeiteten."

Schwester Goldie glaubte, dass es Krebs war – ein lebendiger, bösartiger Krebs, so kraftvoll, dass er sich teilte, wackelte und bewegte.

In den zwei Jahren, in denen Schwester Goldie die Erweckungsveranstaltungen besuchte, wurden durch sie etwa 3000 Tumore und Gewächse im Gesicht geheilt.

Von ihrer Zeit bei der Azusa Street bis Venice Beach, von 1908 bis zu ihrem Tod, hat diese wunderbare Heilige Gott in allen ihr von ihm anvertrauten Gaben und Fähigkeiten treu gedient. Ich bin mir sicher, dass sie, als sie zum Herrn heimging, die Worte aus Matthäus 25,23 hörte: *„Recht so, du guter und treuer Knecht!"*

KAPITEL 11

Ein sehr liebliches Lied

Wir begrüßen Bruder Jonah –
Alter, als er zur Azusa Street kam: 30.

Diese Geschichte unterscheidet sich ein wenig von den anderen. Der Mann, der das Wunder empfing, erzählte mir seine eigene Geschichte. Sein Name war Bruder Jonah, und ich traf ihn 1962 in Pisgah.

Als ich Bruder Jonah traf, war er sich seines Alters nicht ganz sicher, da er ein uneheliches Kind war und keine Geburtsurkunde besaß. In Pisgah befand er sich jedoch irgendwo in seinen Neunzigern, sodass er in seinen Dreißigern gewesen sein muss, als er 1909 zur Azusa Street kam.

Gott hatte Jonah berufen, um das Evangelium zu predigen. Es gab nur ein Problem. „Gott, ich kann die Bibel nicht predigen, bevor ich sie nicht lesen kann. Ich kann weder lesen noch schreiben, und du weißt das", klagte Jonah eines Tages. Und so kam Bruder Jonah zur Azusa, wo Bruder Seymour ihm die Hände auflegte und für ihn betete.

Jonah hörte, wie Gott zu ihm sagte: „Nimm die Bibel, öffne sie und fange an zu lesen." Er nahm seine Bibel, schlug die erste Seite auf und konnte ganz plötzlich alles verstehen, was er las.

Innerhalb einer Woche las er die komplette Bibel. Danach war seine Fähigkeit zu lesen wieder verschwunden.

Ich konnte ihm irgendeine Frage zur Bibel stellen, und er konnte mir den bezugnehmenden Vers zitieren. Ich konnte sagen: „Was steht im Buch Habakuk?" Daraufhin zitierte er mir das komplette Buch fehlerlos Wort für Wort.

Wenn Jonah predigte, sprach er nicht. Er sang. Als ich ihn das erste Mal hörte, sagte er: „Ich werde heute über Ehebruch predigen, und es gibt hier mehrere Männer und ein paar Frauen, die nach vorne kommen sollten." Er wandte sich an seine Tochter, die mit ihm arbeitete, und sprach: „Nun fängst du an, dies zu spielen."

Sie begann, eine bestimmte Melodie am Klavier zu spielen, und er sang dazu. Vom 1. Buch Mose bis zur Offenbarung sang er jede Schriftstelle über Ehebruch. Dann schaute er sich um und sagte: „Wer von euch noch im Ehebruch lebt und nicht Buße darüber tut, wird in die Hölle gehen. Einige von euch werden schon bald sterben, wenn ihr nicht nach vorne kommt."

Ich sah, dass daraufhin etwa zwölf Männer und vier Frauen zum Altar kamen. Über einige von ihnen war ich sehr überrascht und schockiert. Was mich aber wirklich erstaunte, war, dass Bruder Jonah sich an die ganze Bibel erinnern konnte – und das, obwohl er sie nur einmal gelesen hatte! Und seine Art, musikalisch zu predigen, war auch wirklich einzigartig.

KAPITEL 12

Farbenblind

Wir begrüßen Bruder David Garcia
Alter, als er zur Azusa Street kam: 18

Die Freiheit im Lobpreis und die Akzeptanz gegenüber jeder Person, gleichgültig zu welcher Menschenrasse sie gehörte, waren für David Garcia, einen jungen mexikanischen Pastor, ausschlaggebend dafür, jeden Abend nach der Arbeit an den Treffen in der Azusa teilzunehmen, auch samstags und sonntags. Er liebte es den Hispanos (Hispanoamerikanern) zu dienen, die zu den Gottesdiensten kamen. Wenn er sah, dass sich niemand um diese Menschen kümmerte, ging er zu ihnen und fing an, für sie zu beten.

Ich traf Bruder Garcia in Pisgah, wo er schon seit etwa 1955 lebte. Er war 1,70 m groß und wog circa 90 kg. Bruder Smith erzählte mir: „Etwa einmal im Monat kommt es vor, dass David von Gott in einen übernatürlichen Tanz hineingeführt wird."

Ich fragte ihn: „Oh, was genau ist daran übernatürlich?"

Smith sagte: „Er tanzt mit fest verschlossenen Augen durch den ganzen Saal." Ich sagte: „Das muss ich sehen."

Bruder Garcia saß in der Mitte des Saales, direkt in der Mitte der Sitzreihen. Eines Nachts, während des Lobpreises, fing er plötzlich an zu hüpfen.

Wie abgesprochen, verließen alle die Reihe, in der er sich befand, und traten zur Seite, um zu sehen, in welche Richtung er gehen würde.

Nach dem Hüpfen fing er plötzlich an, wild zu rennen, während er mit den Beinen seltsame Bewegungen machte. Es erinnerte mich an Crazylegs Hirsch (ein Footballspieler). Seine Arme flogen überall hin, während seine Augen fest geschlossen waren. Jeder machte ihm den Weg frei.

Nach drei Runden durch den Saal und die Gänge, stoppte er genau dort, wo er angefangen hatte. Er schaute sich um, ging zurück zu seinem Sitz und setzte sich hin.

Danach fragte ich ihn: „Bruder Garcia, weißt du, was genau passiert, wenn du tanzt?" „Yeah, ich habe eine großartige Zeit."

Ich fragte: „Aber weißt du denn, was genau du da tust?"

Er sagte: „Nein. Meine Augen sind geschlossen. Ich merke nur, dass ich mich bewege." Er genoss es einfach, da es ihm so guttat.

Bereits kurz nachdem die Erweckung 1906 startete, nahm David Garcia schon an den Treffen teil. Damals war er 18 Jahre alt und wohnte nur etwa 1,5 km vom Lagerhaus entfernt.

Wenn wir uns trafen, um über die Azusa zu sprechen, hielt sich Bruder Garcia nicht an die Tradition, da er starken Kaffee, anstatt kalter Milch und Keksen servierte. Das war eigentlich der einzige Unterschied, als ich voller Respekt zu seinen Füssen saß und zuhörte, wie in ihm die Erinnerungen der mächtigen Werke Gottes wiederauflebten.

Bruder Garcia begann mit der Geschichte vom Grand Central Bahnhof. Er wohnte etwa 800 m von diesem Bahnhof entfernt, und musste direkt an diesem vorbei, wenn er zum Azusa-Street-Lagerhaus ging. Eines Abends kam er in das Treffen gerannt, um Frank Bartleman zu finden. Er sagte ihm, er müsse unbedingt zum Grand Central Bahnhof kommen.

„Warum? Was passiert dort?", fragte Bartleman ganz neugierig.

Bruder Garcia erklärte ganz außer Atem: „Du musst kommen, um das zu sehen! Die Salbung hat sich weiter ausgebreitet als je zuvor. Du musst kommen, um das zu sehen!"

Bartleman und Garcia rannten die halbe Meile zum Bahnhof. Dort wurden sie Zeuge, wie Menschen, die aus aller Welt daherkamen und aus dem Zug ausstiegen, über den Bahnsteig liefen und im Geist umfielen. Dabei sprachen sie oft in Zungen. Einer sagte, das Phänomen sei schon den ganzen Tag im Gange.

Als Garcia die ganzen Menschen über den Bahnsteig verteilt hatte liegen sehen, hatte er zuerst gedacht, es sei die Folge eines Unglücks, bis er schließlich erkannt hatte, was eigentlich vor sich ging, und zu Bartleman gerannt war. Frank hatte bereits davon gesprochen, dass es einen Kreis des Blutes gab, der sich über einige Häuserblocks um das Azusa-Lagerhaus herum erstreckte, innerhalb dem sich die Kraft Gottes ausbreitete.

Bereits einige Blocks vor der Lagerhalle wurden Menschen geheilt, fielen im Geist oder bekamen die Zungensprache. Aber dies war das erste Mal, dass sich die Kraft Gottes bis zum Bahnhof hin ausbreitete. Auch wenn dort keine Wunder geschahen, war die Gegenwart und Kraft Gottes nun auch ohne Zweifel fast 1 km außerhalb der Lagerhalle zu spüren.

Bruder Garcia war auch sehr von der Schechina-Herrlichkeit, die mehr als drei Jahre lang in und um die Lagerhalle herum verweilte, ergriffen. Während des Tages konnte er manchmal einen glühenden Dampf erkennen, der von dem Gebäude aufstieg. Er sagte mir: „Wir müssen die Schechina-Herrlichkeit zurückbekommen, wenn wir eine weltweite Erweckung erleben wollen!"

Ich fragte Bruder Garcia: „Hast du auch die Flammen gesehen?"

Er erzählte mir, dass es in der Winterzeit komplett dunkel war, wenn er von der Arbeit nach Hause kam. Er nahm den Bus nach Hause, duschte sich, und ging dann auf seine Veranda, von wo aus er über den Fluss Arroyo Seco schauen konnte. Er konnte einige Nächte die Flammen sehen, die 15 Meter in den Himmel hineinschossen und auch vom Himmel herabkamen. Er sagte: „Bruder Tommy, ich rannte dann den ganzen Weg. Ich lief nicht nur, ich rannte und rief „Glory! Halleluja!", da immer große Dinge in Azusa geschahen, wenn diese Flammen auftauchten."

Er wollte ein Teil von all dem sein.

Er beschrieb, dass es großartiger war, die Schechina-Herrlichkeit zu erleben, als puren Sauerstoff einzuatmen. Es war der Atem des Himmels. Zu manchen Zeiten war der Nebel nur 30 cm hoch. Dann legte er sich in ihn hinein, um die Herrlichkeit Gottes einzuatmen.

Bruder Garcia betonte oft, dass, je größer die Schechina-Herrlichkeit war, desto stärker auch die Kraft Gottes wirkte. Er bemerkte, dass die Flammen auftraten, wenn Gott durch Seymour die mächtigsten Wunder vollbrachte, wenn z. B. ein Bein oder ein Arm herauswuchs, wo sich vorher nichts befunden hatte.

Garcia war dort, als der Arm herauswuchs. „Bruder Tommy, dieser Mann hatte kein Kugelgelenk in seiner Schulter! Der Arm war ihm komplett herausgerissen worden! Ich war nah genug an ihm dran, um seine Schulter gut sehen zu können."

„Ganz plötzlich sah ich, wie die Knochen herauskamen und sich um diese dann das Fleisch bildete. Der Arm des Mannes schoss einfach heraus, und mir kam es vor, als habe es lediglich Sekunden gedauert." Für Garcia war es, als würde er dieses Wunder in Zeitlupe betrachten, da er einfach überwältigt von dem war, was Gott da tat.

Bruder Garcia war der Erste, der mir von der Prophetie Seymours erzählte, dass es in etwa hundert Jahren eine Rückkehr der Schechina-Herrlichkeit geben würde und eine Erweckung, die die Werke Gottes bei Azusa noch übertreffen würde. Als wir in den 1960er-Jahren darüber sprachen, wurde Garcia klar, dass die Erfüllung der Prophetie immer noch 40 Jahre entfernt war, aber er sehnte sich dennoch danach, dass Gott seine Pläne beschleunigen und die Schechina-Herrlichkeit noch einmal während seiner Lebenszeit herabkommen lassen würde.

Ich hörte gerne von der Wolke bzw. dem Nebel, der Azusa erfüllte und damit zeigte, dass die Gegenwart Gottes anwesend war. Ich hörte ebenfalls gerne von den großen Wundern, die in diesem Nebel geschahen. Ich bat Bruder Garcia, mir das größte Wunder zu beschreiben, an dem er jemals beteiligt war.

Ohne zu zögern, berichtete er mir von den Mehrfach-Heilungen, die innerhalb von nur wenigen Minuten geschehen waren. Zwei Frauen und ein Mann, waren von einem nahegelegenen Pflegeheim in Rollstühlen gekommen. Sie alle hatten lähmende Arthritis und konnten deshalb nicht gehen. Eine der Frauen konnte noch nicht einmal eigenständig essen. Bruder Garcia fragte sie: „Sind Sie gekommen, um geheilt zu werden?"

Alle drei bejahten oder nickten. Schwester Carney klappte als Vorbereitung, für das, was gleich geschehen würde, die Fußstützen von allen Rollstühlen hoch.

Als Erstes legte Garcia seine Hände auf den Kopf der Frau, die weder richtig essen noch sprechen konnte, und betete für sie. Sofort hörte ihr Kopf auf zu wackeln. Sie schaute Bruder Garcia an und fragte: „Sind Sie Jesus?"

Bruder Garcia lachte und sagte: „Nein, Jesus ist in mir, und ich habe für Sie im Namen Jesu gebetet. Aber ich bin nicht Jesus. Jesus ist derjenige, der Sie gerade geheilt hat!"

Sie schaute ihn lange Zeit an und sagte schließlich: „Kann ich aufstehen?"

Garcia lächelte und antwortete: „Ja. Ich habe Ihnen doch gesagt, dass Sie in Jesu Namen aufstehen und gehen sollen!"

Die einst verkrüppelte Frau stand auf, begann zu laufen und fing dann an, eine Art Walzer zu tanzen – einen wunderschönen Tanz, als wäre sie eine junge Frau. Sie tanzte mindestens eine Stunde lang.

Bruder Garcia lächelte und beobachtete sie voller Freude. Danach sah er zu der anderen Frau hin. Mit einem wissenden Lächeln auf ihren Lippen sagte sie ganz einfach: „Ich bin bereit."

Er ging zu ihr hin und betete für sie. Innerhalb einer Minute stand sie auf. Sie stand dort irgendwie bebend, als hätte sie Angst. Bruder Garcia streckte seine Hand hin, um sie zu stützen. Sie sagte jedoch: „Nein. Machen Sie sich keine Sorgen um mich, beten Sie für ihn!"

Bruder Garcia wandte sich nun dem Mann zu und betete für ihn. Der verkrüppelte Mann fragte: „Was ist das denn? Es ist wie Elektrizität."

Garcia antwortete darauf ganz einfach: „Es ist die Kraft Gottes. Sie sind im Namen Jesu geheilt, und können jetzt aufstehen und herumlaufen oder rennen oder tanzen oder was auch immer Sie jetzt gerne tun möchten."

Ich fragte: „Gut. Und was hat er getan?"

Garcia erwiderte: „Er rannte blitzschnell los, während ich einfach nur staunte, wie alle drei ihre Heilung feierten."

Danach erzählte mir Bruder Garcia sein liebstes Wunder, von einem hispanischen Mädchen, das etwa sechs Jahre alt und blind war. Ihre Augen waren grau – ein schrecklich aussehendes Grau. Von ihren Eltern erfuhr er, dass sie ab etwa zwei Jahren immer schlechter gesehen hatte und mit etwa vier komplett blind war.

Er betete für das Mädchen. Als sie ihre Augen öffnete, war all das Grau verschwunden und durch wunderschöne, schwarze Augen ersetzt. Sie war auf der Stelle geheilt worden. Nun fing sie an zu tanzen und zu feiern und schrie den Namen Jesu, während ihre Eltern versuchten, mit ihr Schritt zu halten.

Bruder Garcia erinnerte sich auch an einen Mann Mitte dreißig, der ein Zahnfleischleiden hatte. Sein Gesicht hatte eine tiefrote Farbe, welche durch das Gift in seinem Zahnfleisch verursacht war. Dieses war schon ganz schwarz, weil seine Zähne verfaulten. Er legte seine Hände auf den Mann, betete und bat ihn dann, seinen Mund zu öffnen. Er fragte ihn, ob er irgendetwas gespürt habe, und der Mann erwiderte: „Ja, ich kann etwas spüren."

Garcia sagte: „Das glaube ich nicht. Sie haben nichts gespürt, weil noch nichts passiert ist. Schließen Sie Ihren Mund noch einmal." Garcia betete ein zweites Mal und fragte: „Spüren Sie irgendetwas?"

„Ein bisschen."

Garcia erwiderte: „Es passiert immer noch nichts." Bevor er das dritte Mal betete, fragte er: „Glauben Sie daran, dass Gott Ihnen ein neues Zahnfleisch und neue Zähne geben wird und dass er auch die Infektion in Ihrem Gesicht beseitigen wird? Verstehen Sie eigentlich, wofür wir hier beten? Sie werden geheilt werden!"

Gehorsam sagte der Mann: „Okay."

Garcia betete, und dieses Mal verschwand die Röte aus dem Gesicht des Mannes. Und als der Mann seinen Mund öffnete, veränderte sich die Zahnfleischfarbe in ein schönes Rosa. Und zu seinem Erstaunen sah Garcia, wie die verfaulten Zähne heilten. Als der Mann das Treffen am Abend verließ, war er komplett geheilt!

Ich hatte das Privileg, Bill, den Sohn dieses Mannes, zu treffen. Bruder Smith stellte ihn mir in Pisgah vor. Ich führte einige Gespräche mit Bill und stellte ihm die Frage, die mir unter den Nägeln brannte. „Bill", sagte ich: „Hatte dein Vater schlechte Zähne, als er starb?" Bill grinste daraufhin und meinte, sein Vater habe, als er starb, tatsächlich einen vollständigen Satz perfekter Zähne in seinem Mund gehabt.

Das erstaunlichste Wunder, das Bruder Garcia mir beschrieb, war die Geschichte von dem Mann, dessen Bauch aufgeplatzt war und dessen Eingeweide durch ein Loch aus dem Bauch heraushingen. Der Mann bedeckte dies mit einem Tuch. Garcia nahm das Tuch zur

Seite und sah, dass sich knapp ein halber Meter Innereien außerhalb seines Körpers befand. „Lieber Gott, das stinkt!", sagte er.

Der Mann sagte: „Das ist nun schon seit etwa einem Jahr so."

„Du lieber Gott, wie kann es sein, dass dieser Mann überhaupt noch am Leben ist?", dachte sich Garcia.

Er tat das Tuch wieder zurück und legte seine Hand auf die groteske Wunde. Als er betete, beobachtete er, wie seine Hand zu dem Bauch des Mannes zurückwanderte. Bruder Garcia sagte: „Ich wusste nicht, was ich tun sollte. Ich stand einfach da, mit meiner Hand auf dem Bauch dieses Mannes. Schließlich hielt ich inne und nahm den Stofffetzen zur Seite. Es war kein Loch mehr zu sehen. Es war, als wäre dort nie eines gewesen."

Bruder Garcia fasste sein Erlebnis mit Gott bei Azusa mit folgenden Worten zusammen: „Wenn du reingingst, dann wurdest du geheilt. Je öfter du daran teilnahmst, desto größer wurde dein Glaube und desto mehr Dinge passierten dann, weil dein Glaube sich aufbaute, während du anderen Menschen zusahst, wie sie glaubten. Bald darauf hattest du keinen Zweifel mehr, dass, wenn du selber zu jemanden gehen würdest, er oder sie geheilt würde. Nach einer Weile besaß man ganz natürlich die Kühnheit, zu jedem zu gehen und zu proklamieren: „Gott wird dich heute Abend heilen!" In diesem fruchtbaren Boden des Glaubens gab es überhaupt keinen Raum mehr für irgendeinen Zweifel.

Kapitel 13

Beine, um darauf zu stehen

*Wir begrüßen Schwester Mangrum –
Alter, als sie zur Azusa Street kam: 22.*

Schwester Mangrum genoss ein besonderes Vorrecht. Sie war nicht nur im Besitz gesegneter Erinnerungen an die Azusa Street, sondern hatte jeden Tag ihr eigenes Wunder vor Augen und lebte damit. Gott heilte durch Schwester Mangrums Dienst bei Azusa viele Menschen. Ihre außergewöhnlichste Wundergeschichte bezog sich auf die Heilung einer Frau, die Mitte vierzig war. Ich empfand es als Ehre, diese Frau treffen zu dürfen, kurz bevor sie hundert wurde.

„Mutter" Mangrum, wie sie später genannt wurde, kam mit 22 Jahren zur Azusa, war aber bereits Mitte siebzig, als ich sie in Pisgah traf. Sie war etwa 1,60 m groß und wog circa 50 kg. Sie war immer sehr gut gekleidet, sehr ordentlich und korrekt, dazu freundlich und höflich.

Mutter Mangrum nannte mich oft ihren „kleinen" Jungen, und ich hatte die Ehre, sie einmal im Monat in ihrer Wohnung, eine der größeren Stadtwohnungen, besuchen zu dürfen.

Wie es die Tradition vorgab, backte sie für unsere gemeinsame Zeit Schokoladenkekse und servierte dazu kalte Milch. Ich saß auf einem großen Teppich, der fast den ganzen Boden bedeckte. Sie saß auf einem größeren antiken Schaukelstuhl aus Holz, der ihrer Urgroßmutter gehört hatte. Mutter Mangrum gehörte zur „Carney"-Gruppe und war wie Schwester Carney während der Azusa-Zeit verheiratet und wurde von ihrem Ehemann zu den Veranstaltungen begleitet.

Eine von Mutter Mangrums Lieblingsgeschichten handelte von der Frau mit den einwärts gerichteten Füßen. Sie war Mitte vierzig und konnte nicht sehr gut laufen, da ihre Knie schon seit ihrer Teenagerzeit nach innen gedreht waren. Mutter Mangrum hatte sofort ein Auge auf sie geworfen, als sie rutschend und wackelnd hereinkam und irgendwie seltsam lief. Mutter Mangrum ging zu ihr hin und fragte: „Sind Sie hergekommen, um geheilt zu werden?"

Die Frau erwiderte: „Ich bin gekommen, um mir ein Bild von dem zu machen, was hier passiert. Sie sagen, ich könne geheilt werden? Von was?"

Mutter Mangrum zeigte auf ihre Beine und sagte: „Von Ihren Beinen". Sie setzte sich mit der Frau hin und versuchte sie davon zu überzeugen, dass Gott ihre Beine wieder richten würde.

Die Dame erwiderte in einem leichten Stottern: „Gut, ah, ah, es ist einen Versuch wert." Sie erzählte Mutter Mangrum, dass sich die Leute, seit sie jung war, über sie lustig gemacht hätten.

Eifrig erwiderte Mutter Mangrum: „Was haben Sie zu verlieren?" Sie betete für sie und legte dabei ihre Hände auf den Kopf der Frau. Sie sagte, etwas wie eine Hitze sei aus ihren Händen auf die Frau übergegangen.

Plötzlich fing die Frau an, sich zu schütteln und sagte: „Es passiert etwas. Es passiert etwas!"

Mutter Mangrum schaute auf die Füße der Frau und forderte die Frau begeistert auf, ebenfalls dorthin hinzuschauen. Ihre Füße und Beine begradigten sich und innerhalb von etwa zwei Minuten war sie komplett wiederhergestellt. Ihre Knie und die verdrehten Beine und Füße wurden komplett begradigt und geheilt.

Sie fragte die Frau: „Würden Sie jetzt gerne normal gehen können? Wir könnten hier miteinander durch den ganzen Raum tanzen."

Die Frau bekannte: „Ich habe noch nie in meinem ganzen Leben getanzt."

Mutter Mangrum lächelte und sagte: „Gut, dann wollen wir es jetzt lernen", und sie begannen zu tanzen.

Bald erkannte die Frau, dass sie wirklich ein Wunder erlebt hatte und begann plötzlich, ganz „wild" vor Gott zu tanzen. Ohne dass

Mutter Mangrum es mitbekam, rannte die Dame aus dem Gebäude und kam einige Minuten später schreiend und brüllend zurück – sie wollte in das Gebäude zurück, aus Angst sie könne ihre Heilung wieder verlieren, wenn sie nicht drinnen war. Als sie sich beruhigt hatte, sah sie sich um und fragte: „Was ist dieses Zeug da eigentlich?"

„Wir nennen es die Schechina-Herrlichkeit." Ich traf diese Frau, die nun inzwischen beinahe hundert Jahre alt war, während ich in Pisgah war.

Nach dem Wunder widmete sie den Rest ihres Lebens dem Dienst an obdachlosen Frauen. Über mehrere Jahre leitete sie im Armenviertel eine Obdachlosenarbeit für Frauen. Als ich sie besuchte, lag sie bereits auf ihrem Sterbebett. Ihre einzige Frage an mich und alle Heiligen war: „Ich möchte bloß wissen, was mit dieser Schechina-Herrlichkeit passiert ist?"

Da ich voller Neugierde war, fragte ich sie natürlich, ob ich ihre geheilten Beine sehen dürfe. Zuerst zögerte sie, doch dann zeigte sie mir, ermutigt durch Mutter Mangrum, doch ihre Beine, welche immer noch komplett geheilt waren, und das nach all den Jahren. Ja, mein Eindruck war, dass die „Millionen-Dollar-Beine" von Betty Grable in keiner Weise mit den Beinen dieser Frau konkurrieren konnten, die Gott berührt hatte. Sie war der lebendige Beweis, dass Gott die Azusa auf eine noch nie dagewesene Art und Weise besucht hatte.

Mutter Mangrum erzählte auch immer sehr gerne die Geschichte von der Frau mit der Hakennase. Als sie die Dame das erste Mal sah, dachte sie, vielleicht könne ja ein Arzt dabei helfen, ihre hässliche Nase zu richten. Aber Gott hatte andere Pläne. Sie hörte eine leise Stimme in ihr sprechen: „Ich bin ein besserer Arzt als irgendein Arzt hier auf der Erde." Mit dieser Nachricht von Gott schaute sie sich die Dame noch einmal an und empfand, dass sie für sie beten sollte.

Sie ging zu ihr hin und betete, doch war nicht gleich ein Ergebnis sichtbar. Später in der Veranstaltung bemerkte Mutter Mangrum, dass die Hakennase verschwunden war und ging zu der Frau hin, um ihr die Heilung mitzuteilen.

Die Dame war einigermaßen glücklich, sagte aber zu Mutter Mangrum: „Ich weiß, dass der Haken verschwunden ist, aber ich mag den kleinen Punkt am Ende meiner Nase nicht." Mutter Mangrum verstand ihr Anliegen und betete daher noch einmal für sie, und bevor die Dame das Treffen ein paar Stunden später verließ, war sie im Besitz einer perfekten Nase. Während Mutter Mangrum über dieses Wunder Gottes nachdachte, freute sie sich stillschweigend darüber, wie wunderbar es doch ist, dass Gott selbst die Gefühle einer Person so wichtig genommen und die hässliche Nase dieser Frau wieder gerichtet hatte.

Mutter Mangrum war etwas theatralisch, wenn sie ihre Geschichten erzählte, und erweckte diese durch ihre vielen Gesten zum Leben. Eine ihrer erstaunlichsten Geschichten ist die folgende:

Wenn Sie die Filme „Der Elefantenmensch" oder „Die Maske" kennen, dann können Sie sich die völlige Entstellung des 25- bis 30-jährigen jungen Mannes vorstellen, der eines Tages zur Azusa Street kam. Er kam ganz alleine, schleppte seine Füße auf mitleiderregende Weise hinter sich her und sah ganz fürchterlich aus, da eines seiner Augen nach oben schoss und das andere nach unten schaute. Sein Verstand war völlig normal, jedoch war er schon entstellt geboren worden und sein Zustand immer schlimmer geworden. Sein Mund und sein Kiefer hingen praktisch über seiner linken Brust. Ich weiß wirklich nicht, wie er es schaffte zu essen.

Mutter Mangrum machte sich auf den Weg zu ihm hin. Er sah sie mit seinen verdrehten Augen an und sagte etwas. „Was hast du gesagt?", fragte Mutter Mangrum.

Er murmelte: „Ich bin hierhergekommen, um geheilt zu werden."

Sie sagte: „Ja, preist den Herrn! Du wirst ein großes Zeugnis sein!"

Er sagte: „Okay, ich bin bereit." Ich liebe die Tatsache, dass er bereit für ein Wunder zur Azusa gekommen war. Sie klatschte ihre Hände auf ihn und behielt diese dort, während sein Körper durch ihre Berührung „tanzte". Sein Gesicht begann sich zu winden und kam dann wieder zusammen. Sein Kiefer zog sich an seinen Platz zurück, seine Augen drehten sich in ihren Höhlen und sein Rücken, seine Beine und Hände drehten sich wieder in ihre normale Position.

Ich fragte sie, wie lang es gedauert habe. Sie sagte, innerhalb von nur fünf Minuten habe ein sehr attraktiver Mann vor ihr gestanden. Eine Deformation, die schon seit zwei Jahrzehnten bestand, wurde innerhalb von nur fünf Minuten in Ordnung gebracht. Ich habe seinen Namen nie herausgefunden. Er wurde ein Diener Gottes, nachdem Gott ihn mit dieser Heilung gesegnet hatte.

Ich glaube, dass allein schon durch dieses Wunder eine Erweckung beginnen könnte.

Kapitel 14

Was Gott zusammengefügt hat

*Wir begrüßen Herrn und Frau Lankford –
Alter, als sie zur Azusa Street kamen: 20 und 18.*

Während die meisten Jungs im Alter von 17 Jahren den Mädchen nachjagen, strebte Bruder Lankford nach Gott. Sein Hunger nach mehr von Gott brachte ihn 1903 von Highland Park in Kalifornien nach Topeka in Kansas. Dies war die Stadt, in der Dr. Charles Parham eine Bibelschule gestartet hatte und über ein neues Prinzip lehrte – die Taufe im Heiligen Geist einhergehend mit der Gabe der Zungensprache. Wie schon erwähnt, war Dr. Parham der Pastor von Bruder Seymour in Pasadena in Texas.

Parham selbst war Zeuge davon, wie Bruder Lankford diese Taufe und die Gabe empfing. Bruder Lankford ahnte nicht, wie sehr diese Gabe in sehr naher Zukunft und den folgenden Jahren noch gebraucht werden würde.

1904 kehrte er im Alter von 18 Jahren nach Kalifornien zurück und stellte Dr. Yoakum, dem Gründer von Pisgah, über den ich später noch mehr berichten werde, die neue Lehre vor. Nachdem Dr. Yoakum die Taufe und die Gabe der Zungenrede empfangen hatte, lehrte er in Pisgah andere über dieses aufregende Erlebnis. Durch Bruder Lankford und Dr. Yoakum empfing auch Schwester Carney 1904, zwei Jahre vor der Azusa, die Taufe und die Gabe.

Ich hatte das Vorrecht, Bruder und Schwester Lankford während meiner Zeit in Pisgah persönlich kennenzulernen. Er war etwas über

1,80 m und sie etwa 1,70 m groß. Schwester Lankford war eine zurückhaltende und sehr liebevolle Frau. Bruder Lankford konnte dagegen manchmal sehr ruppig sein.

Anders als bei meinen anderen Besuchen, wurde ich von ihnen nicht mit Keksen und Milch begrüßt. Bruder Lankford hatte hingegen meine Vorliebe für Erdbeereis entdeckt, welches auch seine Lieblingssorte war. So saß ich zu ihren Füßen und genoss dieses rosa Vergnügen, während ich ihren Geschichten zuhörte.

Den Lankfords ging es allein darum, von Gott gebraucht zu werden, Heilungen und Wunder zu vollbringen. Den ganzen Abend hörte ich eine Geschichte nach der anderen über die wunderbaren Werke Gottes in der Azusa Street. Zu Beginn fragte ich immer, welches der Wunder das interessanteste war. Sobald diese Frage meinen Mund verlassen hatte, fing Bruder Lankford an zu erzählen und Schwester Lankford fügte von Zeit zu Zeit ihre Erinnerungen hinzu.

Lankford erzählte mir von einem Mann, bei dem zwei seiner Finger sich in irgendeiner Maschine verfangen hatten und abgerissen worden waren. Der Mann hatte schon von den erstaunlichen Wundern, die in der Lagerhalle der Azusa Street geschahen, gehört und kam mit der Erwartung, geheilt zu werden.

Bruder Lankford schockierte den Mann, indem er ihn fragte: „Wollen wir sehen, was Gott tun wird?"

Der Mann erwiderte etwas ratlos: „Was meinen Sie genau?"

„Wir wollen Gott darum bitten, dass er sie herauswachsen lässt!" Lankford war sehr mutig und offen.

Mit Genehmigung des Mannes nahm Lankford dessen Hand und wies ihn an, sie hoch in die Luft zu halten. Während er die Hand des Mannes hochhielt und Schwester Lankford seinen Arm stützte, begann Lankford zu beten und die Finger des Mannes fingen an herauszuwachsen.

Schwester Lankford wurde durch den Anblick eines solchen Wunders bewusstlos. Lankford führte den Mann im Saal umher und verkündete, dass seine Finger gerade nachgewachsen seien. Man hörte Lankford mit folgenden Worten laut rufen: „Diese waren vorher nicht da. Schaut, Gott hat diese Finger nachwachsen lassen!"

Der Mann stand neben Lankford und war schockiert, vor Staunen stand ihm der Mund offen. Bevor das Wunder vollendet war, wuchsen sogar die Fingernägel des Mannes nach, sodass er vollständig wiederhergestellt war.

Schwester Lankford lächelte, während ihr Mann von dem größten Wunder, das er miterleben durfte, erzählte, und als er fertig war sagte sie: „Lass mich dir mein unvergesslichstes Wunder erzählen."

Schwester Lankford wartete nicht auf unsere Zustimmung, sondern fing an, ihre Geschichte zu erzählen. Zu der Zeit, als das Wunder geschah, waren die Lankfords verlobt, und sie sagte etwas energisch: „Schatz, komm mal her!" Er war nicht gewohnt, dass sie so mit ihm sprach, da sie sonst sehr sanftmütig und liebevoll war. Sie sagte: „Sieh dir mal diese Schwester von uns an, die Gott jetzt heilen wird."

Die Frau hatte einen sehr schlimmen Buckel. Ihr Rücken war nicht nur gewölbt, sondern stark gekrümmt. Sie war etwa 50 bis 55 Jahre alt und sagte Schwester Lankford, das Problem habe angefangen, als sie ungefähr dreißig war, und sei seitdem immer schlimmer geworden. Der Doktor wollte sie in ein Pflegeheim geben, und da sie sich kaum noch bewegen konnte, stimmte dem sogar ihr Ehemann zu. Nun brachte ihr Mann sie aber zur Azusa Street, weil er dachte, Gott würde in dieser Erweckungsveranstaltung vielleicht etwas für sie tun.

Bruder Lankford ging zu ihr hin, legte seine Hand auf ihren buckligen Rücken und fing an, für sie zu beten. Man konnte das Knacken ihrer Knochen hören, und innerhalb weniger Minuten war sie vor aller Augen geheilt. Sie fing sofort an zu tanzen und kam sogar tanzend und schreiend hoch auf die Bühne.

Direkt hinter ihr hatte Bruder Anderson auf einer Bank gestanden, um Wunder zu beobachten. Er hatte gehört, wie die Knochen knackten.

Ich fragte Schwester Lankford: „Wie haben du und Bruder Lankford darauf reagiert?" Sie erwiderte: „Nun ja, wir sind beide mit ihr zusammen losgerannt."

Jetzt war Bruder Lankford wieder an der Reihe. „Ein anderes unvergessliches Wunder war jenes von dem verkrüppelten Mann in einem Rollstuhl, der den Ärzten nicht erlaubte, seine Beine zu amputieren."

Lankford erklärte dann, der Mann habe als Bremser für die Eisenbahn gearbeitet und sei bei einem Unfall, als seine Beine unter einen Zug gerieten und viele seiner Knochen brachen, verkrüppelt worden. Man konnte durch seine Hosen erkennen, dass die Knochen in seinen Beinen ziemlich „knotig" waren. Jedoch war er zu schüchtern oder verlegen, seine Hosenbeine hochzuziehen, um seine Verletzungen zu zeigen.

Bruder Lankford verkündete: „Das lassen wir nicht zu. Es wurde Zeit, dass Sie hergekommen sind."

Der Mann erwiderte daraufhin leise: „Ja. Ich bin hier."

Lankford sagte, er sei sich nicht sicher, ob der Mann alleine gekommen war, aber er hatte sich ohne Hilfe in das Treffen hineingeschleppt.

Als Bruder Lankford ihn dort sitzen sah, rührte es ihn zu Tränen. Er sagte zu dem Mann: „Es ist ein Wunder, dass sie Ihre Beine noch nicht amputiert haben."

Der Mann antwortete: „Ich bin seit zwei Jahren von der Hüfte abwärts gelähmt. Sie wollten amputieren, aber ich ließ es nicht zu."

Bruder Lankford fing an für ihn zu beten, und Schwester Carney, die das Ganze beobachtete, unterbrach und korrigierte ihn. „Nein, nein, nein. Das ist doch kein Glaube!" Sie ging zu dem Mann hin, hob seine Beine an und klappte die Fußstützen hoch, sodass er aufstehen konnte. Sie erwartete, dass er aufstand!

Nachdem Schwester Carney fertig war, betete Bruder Lankford für den Mann. Man konnte die Knochen knacken hören und sehen, wie seine Beine gerade wurden. Der Mann stand aus seinem Rollstuhl auf und ging ab wie eine Rakete! Und natürlich folgten ihm diejenigen, die ihn umringt hatten.

Das fand ich ein wirklich ein extremes Phänomen. Lankford sagte: „Ja, Gott brachte die Knochen wieder zusammen. Als der Mann zur Azusa kam, bot er ein Bild des Jammers – er konnte nicht gehen und er konnte sich von der Hüfte abwärts nicht bewegen. Und nun rannte dieser Mann rufend, tanzend und hüpfend durch den ganzen Saal."

Ich saß da und dachte: „Es ist doch kein Wunder, dass sie eine solche Erweckung hatten. Kein Wunder, dass diese Sache durch die ganze Welt ging. Ja, sie haben die Zungensprache empfangen, und das war großartig. Jedoch wurden viele Wunder, die geschahen, nicht durch die großen Männer Gottes bewirkt. Viele von denen, die

Gott gebrauchte, waren ganz normale Teenager und junge Leute, die durch Gott außergewöhnliche Dinge taten."

Bruder Lankford war ebenfalls mit der Gabe gesegnet, Menschen mit Gaumenspalten zu helfen, sodass sie geheilt wurden. Die große Mehrheit von ihnen waren Kinder. Einige von denen, die kamen, um geheilt zu werden, hatten noch nie eine Operation oder eine medizinische Behandlung erhalten. In ihren Mündern waren große Lücken und er betete für sie und diese Lücken schlossen sich wieder. Manchmal fehlten auch einige ihrer Zähne und diese wurden dann wiederhergestellt.

Ich sagte: „Alles, auch die Zähne?"

Bruder Lankford nickte und sagte: „Ja, alles, auch die Zähne!"

Bruder Lankford sagte, dass Gott ihn in den drei Jahren, in denen er dort war, gebrauchte, um etwa hundert Menschen mit Gaumenspalten zu heilen. Da die meisten von ihnen Kinder waren, wurde er als „Papa" der Kinder, die er geheilt hatte, bekannt. Auch wenn sie später zurückkamen, um ihn zu besuchen, war er der Papa.

Nun, das ist das erste Mal, dass ich mich traue, die folgende Geschichte zu erzählen. Es mag den ein oder anderen Leser oder Hörer erröten lassen, aber sie ist noch ziemlich frisch in meiner Erinnerung. Eines Tages kam ein Ehepaar herein. Die Ehefrau war so sehr aufgebracht, dass sie sogar die Scheidung wollte. Als Bruder Lankford fragte, was es denn für ein Problem gebe, beschwerte sich die Frau darüber, dass sie keinen Sex mehr haben könnten, da ihr Ehemann impotent sei.

Das Paar war bereits über siebzig, aber das spielte keine Rolle – sie wollte Intimität. Sie wollte nicht, dass er aufhörte ein Mann zu sein. Sie brauchte einen Mann. Bruder Lankford sagte: „Oh, das darf nicht passieren. Das ist verkehrt. Nein. Das sollte nicht aufhören." Die Lankfords selbst waren schon älter, als sie mir diese Geschichte erzählten, und waren noch immer sehr intim miteinander. „Das ist der Teufel", sagte er zu dem Mann.

Er legte dem Mann die Hände auf, befahl diesem Geist, ihn zu verlassen, und betete, dass er genug geheilt werde, um seine Frau wieder glücklich zu machen. Das war alles. Einige Tage später kam das Ehepaar zurück. Sie sagte: „Du meine Güte. Er ist nun noch viel ausgelassener, als er es zum Zeitpunkt unserer Hochzeit war!"

Bruder Lankford sagte: „Es war der Teufel, der wollte, dass ihr beide euch scheiden lasst. Ich habe ihn einfach vertrieben."

Sie sagte: „Meine Güte! Gott kann jedes Wunder wirken." Diese Menschen waren verheiratet und Gott wollte, dass es auch so bleibt.

Schwester Lankford wollte mir noch weitere Geschichten erzählen, aber Bruder Lankford war noch nicht ganz fertig. „Zwei weitere Geschichten: Lass mich dir von dem Tumor an der Wirbelsäule erzählen. Obwohl der Tumor unter dem Hemd des Mannes war, konnte man den Umriss sehen, da er etwa 8 cm hervortrat und etwa 30 cm lang und 10 cm breit war."

Bruder Lankford beschrieb, der Mann sei mittleren Alters gewesen und der Tumor habe sich laut Aussage des Mannes bereits seit drei Jahren dort befunden. Der Mann kam mit einer Gruppe von Leuten herein und einer von ihnen informierte Bruder Lankford. Am nächsten Tag sollte es geröntgt werden, um herauszufinden, was nicht in Ordnung war. Lankford erzählte, wie er über dem Tumor betete und dieser einfach in den Körper des Mannes hineinsank. Der Mann war komplett geheilt.

Ohne Luft zu holen, fuhr Bruder Lankford mit dem nächsten Wunder fort. Da war eine Frau, die einen Teil ihrer Nase durch Krebs verloren hatte. Er betete für sie, doch es passierte nicht gleich etwas. Er sagte der Frau, die Wunder würden manchmal nicht sofort geschehen und sie solle Glauben haben. Am darauffolgenden Abend kam sie zurück und ihre Nase war makellos. Kannst du dir das vorstellen?

Jetzt war Schwester Lankford endlich wieder an der Reihe. Eine Frau aus einem fernen Land kam mit dem Schiff und dann mit dem Zug zur Azusa. Sie konnte kaum laufen und sprach auch kein Englisch. Ihre Familie begleitete sie. Schwester Lankford konnte kein Problem an ihr erkennen, aber es war offensichtlich, dass die Frau Schmerzen hatte.

„Was stimmt mit ihr nicht?", fragte sie.

Ihre Tochter antwortete: „Taste ihren Rücken ab!"

Schwester Lankford konnte auf der linken Seite ihres Rückens eine Geschwulst spüren, welche die Größe eines Armes hatte.

Ihre Tochter sagte: „Es ist sehr ernst. Es ist schwarz und es gibt einen Riss darin, aus dem seltsames Zeug herausläuft. Der Arzt sagte, sie könne jederzeit sterben."

Schwester Lankford betete für sie. Ganz plötzlich fing die Dame an etwas zu brabbeln und zu springen und zu rennen. Ihre Familie holte sie schließlich ein und brachte sie zurück.

„Was hat sie gesagt?", fragte Schwester Lankford.

„Sie sagte, sie sei geheilt."

Die Tochter untersuchte den Rücken ihrer Mutter. „Mein Gott, es ist verschwunden! Es ist weg!"

Bei der nächsten Heilung arbeiteten die Lankfords zusammen als Team. Sie berichtete von dem Abend, als etwa vier oder fünf blinde Menschen aus einem Blindenhaus zur Azusa gebracht wurden. Schwester Lankford ging auf sie zu und kündigte an, dass Gott nun Wunder tun würde. Bruder Lankford rannte zu ihnen hinüber, bedeckte ihre Augen und betete für sie, indem er jedem einzelnen seine Hände auflegte. Jedes Mal, wenn er seine Hände wegnahm, war das Ergebnis das Gleiche: Sie konnten sehen! Sofortige Heilungen! Im gesamten Raum brach ein Rufen und Tanzen aus.

Als ich sie fragte, ob sie sich an besondere Wunder erinnern könne, in welchen Gott Bruder Seymour gebrauchte, fingen Schwester Lankfords Augen an zu leuchten.

„Ich war Zeuge von zwei der größten Wunder, bei denen Seymour mächtig von Gott gebraucht wurde."

Nun war ich absolut hellhörig! Zuerst berichtete sie von einem Mann mit einem Holzbein. Seymour war zu ihm hingegangen und hatte ihn gefragt: „Wofür bist du gekommen?"

Der Mann erwiderte: „Ich möchte, dass du für mein Bein betest. An den Stellen, wo das Holzbein mich berührt, beginnt ein Wundbrand."

Seymour antwortete: „Ich bin nur darüber irritiert, dass du das Holzbein noch trägst. Wie soll Gott denn das Bein auswachsen lassen, wenn das Holzbein noch dran ist."

Der Mann entfernte das Holzbein und stellte sich vor Seymour hin, indem er auf seinem gesunden Bein balancierte. Seymour legte seine Hände auf den Mann und proklamierte: „Lass deinen Namen verherrlicht sein. Im Namen Jesu Christi befehle ich, dass dieses Bein auswächst. Der Wundbrand ist verschwunden; du bist geheilt."

In dieser Nacht predigte Seymour nicht. Das Wunder sprach für sich selbst. Es gab einen anhaltenden Jubel, während die Menge tobte. Der Mann rannte mit zwei gesunden Beinen auf die Bühne und durch den ganzen Raum. Niemand konnte ihn dabei aufhalten sich zu freuen und Gott zu preisen.

Als Nächstes erzählte Schwester Lankford von einem Mann, dem ein Arm fehlte. Er hatte ihn vor zehn Jahren bei einem Arbeitsunfall verloren. Der Arm war komplett von der Schulter abgetrennt.

Bruder Seymour fragte die Menge: „Wollt ihr sehen, wie Gott hier heute Abend eine wunderbare Zeit hat? Einige von euch können sich wahrscheinlich an das Wunder von dem Mann erinnern, dessen Bein vor einem Jahr komplett nachgewachsen ist."

Dann fragte Seymour den einarmigen Mann: „Kannst du mit nur einem Arm arbeiten?"

Der Mann antwortete: „Mir werden nur noch minimal bezahlte Jobs angeboten, und selbst für Essen kann ich kaum das nötige Geld aufbringen."

Seymour schüttelte seinen Kopf und erwiderte: „Das ist nicht gut. Bist du verheiratet?"

„Ja."

„Hast du Kinder?"

„Ja."

Seymour verkündete: „Dieser Mann muss in der Lage sein, seinen Lebensunterhalt zu verdienen. Dieser Mann braucht Arbeit und muss in der Lage sein, seinen Zehnten bezahlen zu können. Bist du denn bereit deinen Zehnten zu geben, wenn ich für dich bete und Gott dir deinen Arm zurückgibt?", fragte Seymour neckisch.

„Ja!" erwiderte der Mann.

Seymour brach in schallendes Gelächter aus. „Ich mache nur Spaß."

Er klatschte seine Hände auf die Schulter des Mannes und befahl, dass der Arm herauswachsen solle. Fast augenblicklich wuchs er heraus! Der geheilte Mann war total schockiert, fing dann aber an, seinen neuen Arm zu bewegen und ihn mit seiner anderen Hand zu inspizieren. Er war über dieses Wunder höchst erstaunt.

Einige Wochen später kam der Mann wieder zurück, brachte etwa 200 Leute mit sich und erzählte vielen in dem Treffen, er habe seinen alten Job zurückbekommen. Zahlreiche von denen, die er mitgebracht hatte, brauchten Heilung, und da die Leute aus der Menge für sie beteten und auf jeden Einzelnen die Hände auflegten, verließen sie den Abend komplett wiederhergestellt.

Die letzte Lankford-Geschichte ist eine der erstaunlichsten, die ich je von einem Heiligen gehört habe. 1908 wurde ein Mädchen, ein schon älterer Teenager, auf einer Trage durch die Türen der Azusa gebracht. Ihr Körper war extrem vernarbt und abstoßend und war dick mit einer Salbe eingerieben, um die qualvollen Schmerzen der Verbrennungen dritten Grades zu mindern, die sie komplett bedeckten. Ihrer Familie zufolge wollte sie nur noch sterben. Jedoch brachten sie sie aus Nordkalifornien zur Azusa Street, in der Hoffnung, dass sie geheilt und leben würde.

Schwester Lankford sah sie und ging zu ihr hin. Ihre Verwandten berichteten ihr, das Mädchen sei Opfer eines verheerenden Hausbrandes geworden. Schwester Lankford schaute sie an und konnte an den Stellen, wo das Fleisch komplett verbrannt war, sogar ihre Knochen sehen. Sie berührte sie sehr sanft und betete für sie. Dann bedeckte sie sie mit einer Decke und sagte: „Mal sehen, was Gott tun wird."

Alle zwanzig Minuten schaute sie nach dem Mädchen. Schwester Lankford konnte sich kaum zurückhalten, da nach und nach immer mehr Fleisch auf den Körper des Mädchens zurückkam. Es brauchte noch nicht einmal zwei Stunden und die Teenagerin war komplett geheilt! Sie wischten die Salbe von ihrem Körper und sie stand von ihrer Trage auf. Ihr Körper war komplett wiederhergestellt.

Die Familie blieb über Nacht in der Stadt und kaufte ihr am nächsten Tag einige neue Kleidungsstücke. Als sie zur Azusa Street zurückkamen, konnte keiner dieses Mädchen wiedererkennen. Sie erkannten nur die Familienmitglieder. Sogar für die Leute von der Azusa Street war es schwer, dieses Wunder zu glauben. Ich wünschte, ich hätte sie persönlich treffen können.

Die Zeit im Zuhause der Lankfords verging schnell und die Abende endeten immer viel zu bald. Als ich staunend über all die Wunder, die durch die Azusa Heiligen bezeugt und an denen sie Teilhaber waren, zu meinem Zimmer im Wohnheim zurückging, wurde ich von den Geschichten begleitet, die ich in meinen Gedanken dann noch einmal durchlebte. Ich sehnte mich nach dem Tag, an dem die Schechina-Herrlichkeit ein weiteres Mal fallen würde – ich wollte dann mittendrin dabei sein. Ja, und wie Riggs und Ward wollte ich auch gerne darin spielen!

Kapitel 15

Lasst die Kinder zu mir kommen

Wir begrüßen Schwester Dundee –
Alter, als sie zur Azusa Street kam: 22.

Ich denke, man könnte Azusa als eine „Party mit Gott" bezeichnen, die mehr als drei Jahre anhielt. Es war eine fortwährende Feier der überreichen Liebe des Vaters für seine Kinder. Es gab viel, worüber man sich freuen konnte, aber nichts war wertvoller als die Heilung seiner kleinen Kinder. Ich hatte die Ehre, diese Heilige zu kennen, die zu jener Zeit eine junge Frau war und immer wieder eine große Freude erlebte, wenn sie die kleinen kranken oder gebrechlichen Kinder, die eine Berührung Gottes benötigten, ausfindig machte.

Seit der Zeit von Dr. Yoakum lebte Schwester Dundee in der Nähe von Pisgah. Sie hatte sogar einen Enkelsohn namens Teddy, der bei Bruder Smith und seiner Familie lebte. Während ich in Pisgah war, heiratete sie noch einmal. Oft habe ich darüber nachgedacht, wie groß die Hingabe ihres neuen Ehemannes an sie war und welch wunderbares, süßes Paar die beiden waren. Ich mochte ihn auch deshalb besonders, da er Teddy und mich oft einlud, in vielen der besseren Restaurants mit ihm zu frühstücken.

Als ich Schwester Dundee besuchte, war sie knapp 80 Jahre alt. Ihr Haar, schwarz und leicht grau, war zu einem Pfingstdutt zusammengebunden. Obwohl sie eine gebürtige Italienerin war, war Schwester Dundee eine sehr ruhige, freundliche Frau. Sie trug eine

Brille mit Goldrand, die ihr auf Nasenspitze hing. Wie Schwester Carney, trug auch sie diese Omastiefeletten mit den Haken und Ösen. Für ihr Alter war sie noch recht gesund, und sie war sehr höflich.

Sie hatte bei der Azusa Street alle möglichen Wunder erlebt, doch war bei ihr einiges an Überredungskunst nötig, um all die Geschichten von ihr zu erfahren. In der Azusa hielt sie sich am liebsten in der Nähe von Schwester Carney auf und verehrte Bruder Anderson – Freundschaften, die sich in Pisgah fortsetzten. Wenn ich sie besuchte, um ihre Geschichten zu hören, saß ihr Ehemann mit einem strahlenden Gesicht direkt neben mir auf dem Fußboden. Er war genauso begeistert wie ich, da er sie nicht dazu bringen konnte, diese Geschichten zu erzählen, wenn sie nur zu zweit waren.

Schwester Dundees erster Bericht handelte von einem sieben oder achtjährigen, verkrüppelten Mädchen auf Krücken, das von ihrer Mutter in das Treffen gebracht worden war. Seine Beine waren von normaler Größe, doch trug sie Schienen und brauchte Krücken, um zu laufen. Das kleine Mädchen erzählte ihr, es sei schon einmal für sie gebetet worden, aber leider sei nichts passiert. Schwester Dundee setzte sich zu ihr, redete mit ihr und erklärte ihr, es würde Jesus sehr verherrlichen, wenn sie geheilt werde. Sie sagte dem Kind: „Bei Azusa sollst du geheilt werden."

Das kleine Mädchen hörte ihr zu und sagte: „Okay, bete für mich."

Schwester Dundee fragte: „Hat jemand schon einmal deine Schienen abgenommen, bevor er für dich gebetet hat?"

„Nein."

Schwester Dundee sagte: „Gut, das muss aufhören."

Als sie sich hingesetzt hatte, nahmen sie miteinander die Schienen ab, und dann trug Schwester Dundee die Schienen und die Krücken zur anderen Seite des Raumes und kam zu ihr zurück. Liebevoll lächelte sie das Mädchen an und sagte: „Jetzt bekommst du sie nicht zurück, da ich sie dir nicht zurückbringen werde. Ich werde deine Mutter beschäftigt halten, sodass sie sie dir nicht holen kann. Du musst jetzt einfach geheilt werden." Schwester Dundee versicherte: „Mein Schatz, du wirst Jesus verherrlichen. Es würde ihm sein Herz brechen, wenn du nicht geheilt wirst."

Tränen begannen dem kleinen Mädchen in den Augen zu schießen und sie fing fast an zu weinen. Schwester Dundee sagte ihr: „Alles, was wir nun tun müssen, ist, zu beten und Jesus zu gehorchen. Dann wirst du geheilt werden und Jesus wird die Ehre dafür bekommen."

Das kleine Mädchen stimmte dem zu und Schwester Dundee betete für sie. Innerhalb weniger Momente sagte das kleine Mädchen, sie spüre etwas in ihren Füßen – etwas, das sie noch nie zuvor gespürt habe! Schwester Dundee sagte ihr, sie solle aufstehen und versuchen, ihre Füße zu bewegen. Das kleine Mädchen antwortete: „Ich kann nicht!" Schwester Dundee sagte ganz sanft: „Du musst es versuchen!"

Man konnte sehen, wie die Begeisterung wuchs, als das kleine Mädchen begann, seine Füße auf und ab zu bewegen. Es schaute hinunter und fing an zu tanzen, indem es ein wenig mit den Füßen stampfte. Dann fing es laut an zu rufen, sie sei geheilt. Schwester Dundee ließ es loslaufen, woraufhin es, komplett geheilt und wiederhergestellt, stampfend durch die ganze Lagerhalle tanzte.

Ich erinnere mich ebenso, wie Schwester Dundee von einem vielleicht neun oder zehn Jahre alten Mädchen erzählte, für das sie betete. Dessen eines Bein war etwa acht bis zehn Zentimeter kürzer als das andere, weshalb es kaum laufen konnte. Einer seiner Schuhe hatte deswegen eine sehr hohe Sohle. Schwester Dundee sah es und sagte: „Komm, und setz dich zu mir!"

Daraufhin kam ihre ganze Familie und setzte sich zu ihr. „Hätten Sie gerne, dass das kürzere Bein länger wird, sodass es genauso lang ist wie das andere?"

„Ja! Aus diesem Grund haben wir sie hierhergebracht", antwortete die Mutter.

„Gut. Zieh ihr die Schuhe aus!", sagte Schwester Dundee.

Sie nahm die Beine des Kindes und hielt sie fest. „In Jesu Namen gebiete ich dir zu wachsen!" Das Bein reagierte auf diesen Befehl und wuchs allmählich heraus. Zuerst konnte das Mädchen noch nicht so gut gehen, da es nicht daran gewöhnt war, dass das eine Bein den Boden so früh berührte. Sie nahm sich die Zeit, die sie brauchte, und nach etwa einer Stunde konnte sie normal gehen. Daraufhin tanzte sie für Gott, um ihren Dank zum Ausdruck zu bringen.

Schwester Dundees nächste Geschichte war die lieblichste von all ihren Azusa-Geschichten. Je jünger ein Kind war, umso mehr mochte sie es. Ein Kind, das noch kein Jahr alt war, hatte einen krummen Nacken. Das Baby schrie zwar nicht und machte auch kein anderes Geräusch, doch sagte die Mutter, sie sei sich sicher, dass das Baby Schmerzen habe. Schwester Dundee fragte die Mutter, ob sie für das Baby beten dürfe. Die Mutter stimmte zu, und so nahm sie das Kind an sich und legte ihm die Babydecke über den Kopf, sodass die Mutter es nicht sehen konnte.

Sie betete für das Baby und versuchte, nicht allzu begeistert zu werden, weil sie ja das Baby in ihren Armen hielt. Sie musste die Fassung behalten, als der Buckel anfing zu verschwinden. Sie sagte mir, sie habe sichergehen müssen, nicht etwa einen „Pfingstanfall" zu bekommen.

Als der Buckel sich begradigt hatte, stand Schwester Dundee einfach nur weinend da, während das Baby zu ihr hochschaute und lächelte. Schließlich hörte sie die Mutter fragen, was denn los sei. „Warum weinen Sie? Ist irgendetwas mit meinem Baby nicht in Ordnung?"

Schwester Dundee stand einfach da und streichelte das Kind, während sie die Decke zurücknahm und ihr das lächelnde, geheilte Baby zeigte.

Ich fragte: „Hast du der Mutter ihr Baby zurückgegeben?"

Schwester Dundee sagte: „Nein, das ging nicht! Ich hätte die Mutter nicht einholen können, auch wenn ich gewollt hätte. Die Mutter fing einfach an, jubelnd herumzurennen!"

Ich fragte nach dem Vater, und sie sagte mir, der Vater sei nicht bei dem Treffen gewesen, sie habe ihn später jedoch noch getroffen.

Die Mutter nahm ihr Baby wieder mit nach Hause und zeigte dem Vater sein geheiltes Baby. Danach kam er nicht nur zur Erweckung, sondern wurde auch errettet und war mehr als 35 Jahre lang der Pastor einer der größeren Gemeinden in Los Angeles.

Schwester Dundee erzählte auch von einem kleinen Jungen, dessen Kopf und Körper in einem Rollstuhl festgeschnallt werden mussten, um ihn aufrechtzuhalten. Sie ging zu dem Jungen hin und fragte die Eltern: „Was stimmt mit ihm nicht?"

Die Eltern waren sich nicht ganz sicher. Er hatte eine Art Lähmung, konnte aber eigenständig atmen. Sie sagte den beiden: „Nun, das ist gut, denn der Name des Herrn wird verherrlicht werden. Aber wir können nicht für ihn beten und ihn dabei so festgebunden lassen!" Schwester Dundee fing an, die Gurte um seinen Hals zu lösen und bat die Eltern, seinen Körper zu halten.

Nachdem sie ihn ganz losgeschnallt hatte, legte sie ihre Hände auf ihn und rief: „Im Namen Jesu Christi, sei komplett geheilt!" Schwester Dundee sagte, der Junge sei zusammenzuckt und habe dann spielen wollen.

Ich fragte: „Wie alt war er denn?"

Schwester Dundee sagte: „Vielleicht etwa sechs."

Ich antwortete: „Du meinst, er war noch ein kleines Kind?"

Schwester Dundee lächelte und sagte: „Ja, ein kleines Kind. Die Worte ‚im Namen Jesu' hatten kaum meinen Mund verlassen, da war er schon geheilt."

Schwester Dundee erzählte mir, dass sie diesen Jungen in den nächsten drei Jahren während der Erweckung noch viele Male gesehen habe und nochmals etwa ein Jahr danach. Ab dem Zeitpunkt, als der kleine Junge geheilt wurde, bis hin zum letzten Mal, als Schwester Dundee ihn sah, nannte er sie liebevoll „Mammy".

Das Scharlachfieber war um die vorletzte Jahrhundertwende eine Plage. In den schlimmsten Fällen konnten alle Kinder einer Familie innerhalb von ein oder zwei Wochen ausgelöscht werden. Kannst du dir das vorstellen?!

Eines Tages traf Schwester Dundee ein kleines Mädchen, das durch den Scharlach eine Spastik zurückbehalten hatte. Sie saß in einem Rollstuhl, schüttelte sich und zuckte.

Schwester Dundee ging zu ihr und sagte: „Hallo."

Ihre Familie erwiderte: „Sie versteht nicht, was du sagst."

„Ich gewöhne sie schon einmal daran", sagte Schwester Dundee, „denn sie wird bald genau verstehen, was ich sage. Ist es okay, wenn ich meine Hände auf sie lege?" Sie antworteten: „Gut, okay."

So legte sie ihre Hände auf sie und betete, jedoch nicht bevor sie die Fußstützen hochgeklappt hatte. Denn nach der Carney-Regel war es kein Glaube, wenn man die Stützen nicht hochklappte. Sie werden aus dem Rollstuhl aufstehen!

Sie klappte die Stützen hoch und betete für das kleine Mädchen. Es war keine sofortige Heilung – es dauerte etwa drei Minuten, bis das Mädchen aufhörte zu zucken.

„Wie heißt du?", fragte Schwester Dundee. Das Mädchen antwortete ihr. „Würdest du gerne aufstehen und zum Spielen dort hinüber zu den anderen Kindern gehen?"

„Ja!"

Das Mädchen sprang auf und rannte nach hinten zu den anderen Kindern. Und natürlich tanzten die Mutter, der Vater und Schwester Dundee vor Freude. Ich denke, das würde ich auch tun, wenn bei mir ein krankes Mädchen innerhalb von drei Minuten geheilt worden wäre und nun mit den anderen Kindern spielte.

Das folgende Wunder brachte das Thema Heilung für mich auf ein ganz neues Level. Ich garantiere dir, dass, wenn du heute irgendjemanden fragen würdest, ob ein Down-Syndrom geheilt werden könne, es jeder verneinen würde. Wenn Schwester Dundee heute bei uns wäre, würde sie dir etwas anderes bestätigen. Sie betete für etwa zwei Dutzend, die von diesem Problem geheilt worden sind, und ich hatte das Glück, einen von ihnen treffen zu dürfen.

Ich kann mich nicht an seinen Namen erinnern, aber damals, als ich ihn traf, war er ein kleiner alter Mann. Sein Gesicht hatte all die Merkmale eines Menschen mit Down-Syndrom, doch war sein Verhalten ganz normal. Nachdem Gott ihn durch die Gebete von Schwester Dundee berührt hatte, wuchs er heran, wurde Professor für Musik und lehrte an einer kalifornischen Universität.

Schwester Dundee erinnerte sich an den Tag, als er geheilt wurde. Er schaute sie an und sagte: „Du bist nicht Jesus."

Sie lächelte und sagte der Mutter: „Erklären Sie ihm, dass es ihm jetzt gut geht." Natürlich war die Mutter sprachlos. Sie schüttelte ihren Kopf, da sie dies einfach nicht glauben konnte und weinte. Ihr Sohn war gerade vom Down-Syndrom geheilt worden!

Die nächste Geschichte überraschte mich noch viel mehr. Ich wundere mich immer noch, wenn ich darüber nachdenke. Eines Tages fand Schwester Dundee unter den Besuchern der Azusa Street ein schrecklich entstelltes Kind, welches etwa fünf Jahre alt war. Sein Kopf war voller Narben.

Die Familie erzählte, die Ärzte hätten sein Gesicht buchstäblich Stück für Stück wieder zusammenflicken müssen, nachdem er im Alter von zweieinhalb Jahren die Treppe hinunter und auf einen Betonboden gefallen war. Die betroffene Seite des Gesichtes hing knapp einen Zentimeter tiefer als der Rest seines Kopfes.

Schwester Dundee erkannte, dass er auch geistig nicht mehr normal war. Ihre Reaktion? „Oh, wie wunderbar! Gott wird verherrlicht, wenn Dinge wie diese passieren."

Der Vater fragte: „Dinge wie diese?"

„Er wird geheilt", erklärte sie.

Zu jener Zeit sagten sie nämlich nicht: „Gott wird ..." Sie sagten: „Er ist geheilt!" Sie hatten so viel Vertrauen, dass Gott jeden und alles heilen wird. „Lasst mich den Jungen auf meinem Schoß halten", sagte sie, während sie ihn hinsetzte, und legte ihre Hand auf seinen Kopf.

Schwester Dundee erklärte, sie habe sehen und spüren können, wie sich während ihres Gebetes ihre Hand bewegte und verschoben wurde. Schließlich nahm sie ihre Hand weg und das Gesicht des Jungen war völlig normal. Auch geistig war er geheilt.

Nun kommt das Erstaunliche. Dieses einst entstellte Kind wuchs auf und wurde ein gutaussehender Hollywood-Star. Sein Name war Robert Montgomery. Er wurde ein Bühnen- und Filmschauspieler, sowie ein Regisseur. 1937 wurde er für eine akademische Auszeichnung als bester Schauspieler im Thriller „Night Must Fall" nominiert. Seine Tochter Elisabeth Montgomery spielte in den 1960er-Jahren die Hauptrolle in der Hit-TV-Show „Bewitched".

Von einer schrecklichen Entstellung zu einem Golden Boy in Hollywood. Was für ein tolles Wunder!

Fast die ganze Zeit der Erweckung in Azusa war Schwester Dundee involviert. Auch sie liebte die Schechina-Herrlichkeit und die Musik, die vom Himmel zu fallen schien. Sie liebte all das, aber nichts war vergleichbar mit der Liebe, die sie für die kleinen Kinder verspürte und zum Ausdruck brachte, die eine Berührung des Vaters brauchten.

Kapitel 16

Die wahre Geschichte, die unter einer Bank stattfand

Wir begrüßen Phyllis –
Alter, als sie zur Azusa Street kam: 3.

Das Folgende ist eine Richtigstellung. Durch einen Fehler habe ich in meinem letzten Buch die Identität dieses Kindes mit der von Jean Darnell verwechselt. Deshalb folgt hier nun die richtige Geschichte des dreijährigen Kleinkindes und von Pastorin Darnall.

Eines Nachts im Jahr 1963 gab es im „Angelus Temple" eine Veranstaltung mit drei Sprechern. Eine von ihnen war Pastorin Jean Darnall, die 1944 als Nachfolgerin von Aimee Semple McPherson das Pastorenamt des „Angelus Temple" übernommen hatte. Ich ging dorthin, um sie sprechen zu hören.

Pastorin Darnall kam oft als Sprecherin nach Pisgah und verbrachte dort gerne die Zeit mit den jungen Leuten, mich eingeschlossen. So hatten wir uns kennengelernt. Durch Pastorin Darnalls ruhigen und sanften Geist fühlten sich alle, die ihr begegneten, sehr wohl und geliebt.

Obwohl sie im Vergleich zu meinen 1,85 m nur 1,60 m groß war, werde ich nie vergessen, wie es war, wenn sie ihre Hände auf meinen Kopf legte, um für mich zu beten. Die Kraft Gottes floss durch ihre sanfte Berührung.

Als ich sie einmal fragte, warum sie mit meinem Freund Mike und mir Zeit verbringen wollte, antwortete sie: „Ihr zwei Männer seid noch sehr jung, aber ihr wisst, was ihr tut, und ihr kennt Gott!" So kam ich, um an diesem Abend die Botschaft meiner Freundin zu hören.

Wie gewöhnlich traf ich früh im Gottesdienst ein. Eine Dame kam zu mir her und setzte sich neben mich. „Sind Sie Bruder Tommy?", fragte sie.

Ich antwortete: „Ja."

„Derjenige, dem die Azusa Street Heiligen ihre Geschichten erzählen?"

„Ja." Dann fragte sie mich, ob sie mir die Geschichte ihrer Tante erzählen dürfe, die auch bei der Azusa Street gewesen war.

Ihre Tante, die Phyllis hieß, kam Ende des Jahres 1909 zur Azusa Street, ein paar Monate, bevor die Schechina-Herrlichkeit endete. Phyllis war gerade einmal drei Jahre alt. Sie konnte sich daran erinnern, wie sie, um ein Nickerchen zu machen, unter den Bänken lag, jedoch nicht müde genug war, um die „neblige Substanz", welche sich überall um sie herum befand, nicht wahrzunehmen.

Phyllis versuchte, es in ihren Armen einzusammeln und es dann in die Taschen ihres Kleides zu stecken, doch das klappte nicht. Sie konnte sich daran erinnern, wie sie die Menschen und all die erstaunlichen Wunder beobachtete, die überall um sie herum passierten. Sie erinnerte sich an das Tanzen, das Rufen und das Jubeln.

Sie war noch zu jung, um alles zu verstehen, doch später erkannte sie das Wirken Gottes, das sie unter der Bank miterlebte. Phyllis erzählte es später immer wieder ihrer Nichte. Und glücklicherweise teilte ihre Nichte diese Erinnerungen mit mir.

Die einzige Verbindung zwischen Pastorin Darnall und Phyllis war, dass ich, während ich auf Darnalls Rede wartete, die Geschichte von Phyllis erfuhr. Um Phyllis, ihre Nichte und Pastorin Darnall zu ehren, ist dies die wahre Geschichte, damit alle Missverständnisse aus dem Weg geräumt sind.

Kapitel 17

Nach Azusa: Wunder in Pisgah

Und Mose stieg von den Steppen Moabs auf den Berg Nebo, den Gipfel des Pisga ... Und der HERR sprach zu ihm: Das ist das Land, das ich Abraham, Isaak und Jakob zugeschworen habe (5 Mose 34,1.4).

Gott zeigte Mose das Land, welches er unserem Vater des Glaubens vom Gipfel des Berges Pisgah aus verheißen hatte. „Pisgah Home", die Gemeinschaft, in der Tommy mit den Heiligen der Azusa Street lebte, war nach diesem biblischen Berg benannt worden. Sie wurde 1895 von Dr. Yoakum gegründet und sollte ein Ort der Hoffnung und der Verheißung neuer Anfänge sein. Doch Pisgahs eigentlicher Anfang war 1894.

Als sich Dr. Yoakum 1894 auf dem Weg zu einer Methodistengemeinde befand, kollidierte er mit einem betrunkenen Kutschfahrer. Ein aus der Kutsche hervorstehendes Metallstück bohrte sich in seinen Rücken, brach ihm mehrere Rippen und verursachte innere Blutungen. Eine ärztliche Untersuchung ergab, dass die Verletzungen hätten tödlich sein müssen. Bald darauf entwickelte sich eine Infektion, welche noch Monate lang anhielt.

Um sein Leiden etwas zu lindern, zog Dr. Yoakum von Texas in ein milderes Klima nach Los Angeles um. Dies half ihm, war aber noch nicht genug. Fast schon verzweifelt besuchte Dr. Yoakum die „Christian Alliance Church" in der Figueroa Street in Highland Park. Der Pastor, W. C. Stevens, betete für ihn. Es geschah ein spontanes Wunder, und er war augenblicklich geheilt. Seine Lebensberufung war dauerhaft verändert.

Seinen Beruf als Gehirnchirurg, durch welchen er monatlich 18.000 Dollar verdiente, legte er komplett nieder, um den Rest seines Lebens den chronisch Kranken, Armen, Notleidenden und sozial Ausgestoßenen zu widmen. Im Februar 1895 eröffnete er „Pisgah Home" in Highland Park, um Gottes Anweisung, eine Arbeit für die Bedürftigen zu gründen, nachzukommen. Er gab seinen Mitarbeitern Taschen voller Fünf-Cent-Stücke und trug ihnen auf, damit in die Armenviertel des Stadtzentrums von Los Angeles zu gehen. Die Mitarbeiter dienten dann den Mittel- und Obdachlosen und sammelten sie von der Straße auf. Anschließend fuhren diese dann mit den fünf Cent mit der Straßenbahn zur Avenue 60 und liefen noch einen Block bis Pisgah, wo diejenigen, die Hilfe brauchten, leben konnten und resozialisiert und zu einem Teil der Gemeinschaft wurden.

Als Tommy 1960, durch Schwester Goldie dort hinkam, war diese Obdachlosenarbeit immer noch sehr aktiv. Tommy erinnert sich: „Als ich das erste Mal nach Pisgah kam, war es so, als würde ein Vorhang um den Ort herumhängen. Dort war solch ein Friede."

Jahre zuvor, 1906 und 1907, beherbergte Pisgah viele, die an der Azusa-Street-Erweckung beteiligt waren. Später kamen, wie schon erwähnt, viele dieser „Heiligen", um in ihren älteren Jahren in dieser Gemeinschaft zu leben. Sie wollten Gemeinschaft pflegen und den anderen in Pisgah dienen.

Harold James Smith, der 1950 als Pastor nach Pisgah kam, hatte eine Vision für Erweckung. Pisgah war das perfekte Umfeld, damit die Heiligen auch weiterhin in den Gaben des Heiligen Geistes wirken konnten – so, wie sie es einst in der Azusa Street taten.

Von 1960 bis 1966 hörte Tommy die Geschichten über die Wunder der Azusa Street. In Pisgah konnte er Zeuge der Wunder sein. Tommy erinnert sich.

Schwester Dundee in Pisgah

Schwester Dundee war es, die Geschichten davon erzählte, wie die Kinder in Azusa geheilt wurden. In Pisgah fuhr sie fort, die Kinder zu heilen. Ja, die Familien, die in Pisgah zum Gottesdienst kamen, hatten nicht viele Arztrechnungen. Sie brachten ihre Kinder zu den Heiligen, diese beteten für sie und die Kinder wurden geheilt. Und Schwester Dundee hielt Ausschau nach den Babys. Sie hätte jeden geheilt, doch hatte sie ein besonderes Herz für Säuglinge.

Eines Tages brachte eine Frau ein in eine Windel gewickeltes Baby, das einen Tumor in Form eines schwarzen Knotens an der Seite des Kopfes hatte. Es sah ziemlich ernst aus. Natürlich suchte jeder nach Schwester Dundee.

Sie fanden sie, und sie kam zu der Mutter und ihrem Baby. „Oh, wie wunderbar, Schätzchen", sagte sie zu dem Baby. Sie beugte sich und küsste es direkt auf den Tumor. Dann legte sie die Decke über das Baby und betete ein paar Sekunden, ging dann weg und sagte: „Wartet etwa zehn Minuten, und dann nehmt die Decke weg."

Schwester Dundee watschelte mit ihrem kleinen fröhlichen Ehemann an ihrer Seite in die Kirche. Ich folgte ihnen und setzte mich. Plötzlich hörte ich diesen markerschütternden Schrei und lief los, um herauszufinden, was passiert war. Ich sah, wie der Vater der Mutter das Baby abnahm, da diese hysterisch wurde und so laut schrie, dass man sie noch einen Block weiter hören könnte.

Als die Mutter die Decke zurückgeschlagen hatte, war dort kein Tumor mehr zu sehen – er war völlig verschwunden! Ich sagte zu dem Vater: „Ich möchte das Baby sehen." Er zeigte mir das Kind, und ich sagte: „Wow, sieh dir das an! Gib mir doch das Baby. Dann kannst du einen Freudentanz machen." Er sagte: „Danke Tommy, aber ich möchte mein Kind einfach nur bewundern."

Das Wunder mit Schwester Dundee in Pisgah, an welches ich mich am besten erinnere, handelt von einem verzweifelten Pärchen, das mit seinem sterbenden Baby den ganzen Weg von England gekommen war. Das Kleine war nur zwölf oder vierzehn Monate alt und hatte Leukämie. Es hatte nicht mehr lange zu leben und schien bewusstlos zu sein.

Sie flogen in die Staaten, kamen nach Pisgah und trafen Schwester Dundee vor dem Gottesdienst. Sie ging zu dem Baby hin, das sie im Arm hielten, betete für das Kind und ging weg in die Kirche, fast so, als sei sie zuversichtlich, den Rest Gott überlassen zu können.

Schließlich kam das Baby zu sich, und noch bevor der Gottesdienst zu Ende war, konnte es in die Kinderbetreuung gehen. Die Eltern waren ganz außer sich vor Freude.

Bruder Brown in Pisgah

Leider besaß der alte Bruder Brown nur noch wenig Freude, eigentlich gar keine mehr. Ich nannte ihn den Trauerkloß, da er hin und wieder irgendwo in Pisgah saß und Tränen über sein Gesicht rollten. Wie ich bereits vorher schon erwähnt hatte, betrauerte er den Verlust der Schechina-Herrlichkeit.

Gott ehrte dieses liebliche, gebrochene Gefäß trotzdem, indem er weiterhin durch ihn heilte, insbesondere Blinde. Eines Tages war dort diese kleine alte Frau, die vollkommen blind war. Bruder Bill ging auf sie zu. „Gott sagte, ich solle zu dir hingehen, um für dich zu beten. Deshalb werde ich jetzt für dich beten."

Sie sagte: „Oh, bete lieber für jemand anderes." Sie war blind, seitdem sie Mitte 30 war, und nun war sie eine sehr alte Frau.

Bill erwiderte: „Sag mir nicht, dass ich Gott nicht gehorchen soll." Er nahm also ihre große, dicke, schwarze Brille ab und nahm ihren Gehstock und zerbrach ihn. Jeder dachte sich, „Hilfe, Jesus, nun muss sie aber geheilt werden."

Er legte seine Hände auf ihr Gesicht und bedeckte ihre Augen. Er betete für sie und nahm dann seine Hände wieder weg.

Sie konnte sehen!

Es standen etwa 50 Leute in einem Kreis um sie herum. Sie hatten eine wunderbare Zeit zusammen und jubelten, da ihre Augen komplett geheilt worden waren. Komplett!

Mutter Mangrum, Bruder Anderson und Schwester Lucille in Pisgah

Es waren allerdings nicht nur Menschen, die in Pisgah geheilt wurden. Ich sah, wie die Heiligen auch die geliebten Tiere heilten. Es befanden sich eine Menge Katzen um uns herum.

Eines Tages gab es dort eine Katze mit einem herausgeschossenen Auge. Diese Katze wurde zu Mutter Mangrum gebracht. Sie legte ihre Hände auf die Augen der Katze, betete für sie, und als sie ihre Hand wegnahm, war der Augapfel wieder da! Er hatte gefehlt und war nun wieder da.

Wir hatten in Pisgah auch eine Hündin namens Patty. Sie gehörte Pastor Smith und seiner Familie. Ich nannte sie den Pfingsthund. Am ersten Abend, den ich in Pisgah verbrachte, saß ich während des Gottesdienstes direkt neben der Eingangstür. Ich wusste nicht, was diese Leute hier tun würden, deshalb saß ich neben der Tür, um im Zweifelsfall abhauen zu können. Mrs. Smith, wir nannten sie Mutter Smith, und ihre zwölfjährigen Zwillinge saßen nicht weit von mir entfernt. Damals gab es noch keine Klimaanlage, weshalb man im Sommer die Tür offenstehen ließ. Patty, der Hund, schlich sich hinein und ging unter meinen Sitz.

Da dies mein erstes Mal in dem Gottesdienst war, wusste ich nicht, dass, wenn Bruder Smith in Begeisterung geriet, er ein Tamburin nahm und anfing, darauf einzuschlagen und zu singen und zu tanzen. Ausgerechnet an diesem Abend kam er in Begeisterung, und plötzlich „heulte" Patty los. Ich sprang hoch und rannte aus der Kirche hinaus. Wie gesagt, saß ich direkt über ihr.

Die Zwillinge rannten ebenfalls hinaus, fingen mich wieder ein und sagten mir, das sei nur ihr Hund gewesen. „Seid ihr sicher? Es hörte sich für mich wie ein Teufel an!", sagte ich. Sie erzählten mir, dass Patty immer heult, wenn ihr Vater mit dem Tamburin singt und tanzt.

1961 wurde Patty krank. Ihre rechte Hüfte war entzündet und der Tierarzt sagte, es sei sehr schmerzhaft für sie. Sie konnte nicht mehr richtig stehen. Patty sah erbärmlich aus und die Zwillinge waren am Boden zerstört.

Ich betete für sie, aber sie wurde nicht geheilt. Das tat mir weh, da Patty und ich zu diesem Zeitpunkt gute Freunde waren. Dann kam Bruder Anderson zu Patty und fing an mit ihr zu sprechen. Dann betete er für sie und sie war sofort geheilt. Sie stand auf und fing sofort an, herumzuspringen und zu spielen.

„Liebt Gott dich mehr als mich?", fragte ich ihn.

Er sagte: „Was ist los mit dir, Bruder Tommy?"

„Ich habe auch für sie gebetet, aber sie wurde nicht geheilt."

Freundlich sagte er: „Nun ja. Sie kennt mich halt besser als dich."

Ich gebe zu, ich war eifersüchtig darauf, dass seine Gebete funktionierten und meine nicht.

Gleich gegenüber von Pisgah gab es einen kleinen Jungen, den Schwester Lucille gut kannte. Er hatte eine große Boxer-Bulldogge namens Tubby. Der Hund war nicht gerade schön, aber ich mochte ihn genauso sehr wie den kleinen Jungen.

Eines Tages wurde Tubby eine Straße weiter, in der Avenue 60, von einem Auto erfasst. Der kleine Junge kam herbeigelaufen, um Schwester Lucille zu finden. Er nahm sie bei der Hand und zog sie hinter sich her. „Nun hör auf, an mir zu ziehen. Wir werden dort schon hinkommen", sagte sie.

„Was ist, wenn er stirbt?" beschwerte sich der kleine Junge. „Dann werden wir ihn von den Toten wieder auferwecken, aber hör auf, an mir zu ziehen."

Ich folgte ihnen, da ich mit eigenen Augen sehen wollte, was passieren würde. Wir kamen zum Unfallort, wo Blut zu sehen war. Ich sagte mir: „Okay, das musst du sehen!"

Schwester Lucille sagte zu allen, die sich um den Hund versammelt hatten: „Bitte machen Sie Platz, und lassen Sie mich für ihn beten."

Der Polizeibeamte sagte und wiederholte immer wieder: „Gute Frau, der Hund ist tot." Ich schaute genau hin und konnte nicht erkennen, dass der Hund noch atmete.

„Das ist mein Hund, und du hältst dich hier raus!", sagte der kleine Junge.

Der Beamte schaute diesen kleinen verzweifelten Jungen an. „Okay, junger Mann."

Lucille kniete neben Tubby nieder und betete: „Gott, dieser kleine Junge liebt seinen Hund. Er hat mich den ganzen Weg hierhergeschleppt. Nun erwarte ich, dass du ein Wunder tust, um dem Herzen des kleinen Jungen zu zeigen, dass auch du diesen Hund liebst. Ich befehle dir, Tubby, sei geheilt im Namen Jesu Christi."

Plötzlich flog Staub aus Tubbys Nase. Ganz blutverschmiert stand er auf und kam zu uns her. Der kleine Junge schnappte sich Tubby und fing sofort an, mit dem blutverschmierten, heißgeliebten Hund zu spielen. Dies war 1961 und Tubby lebte immer noch, als ich 1966 den Ort wieder verließ.

Nach Azusa: Wunder in Pisgah

Tommy in Pisgah

Als ich 1960 das erste Mal in Pisgah ankam, war ich gerade einmal 17 Jahre alt. Ich war einfach nur ein Kind, das unter den Heiligen lebte! Wenn ich nicht gerade mit ihnen sprach, dann aßen wir dreimal am Tag zusammen. Jeden Tag beteten wir von 11.00 bis 12.00 Uhr und jeden Abend gab es einen Gottesdienst.

In der Kirche beobachtete ich sie. Wenn ich sah, dass einer von ihnen mit dem Kopf zuckte, dann zuckte ich auch mit dem Kopf. Ich machte mich damit nicht über sie lustig. Ich ahmte sie nach. Ich tat, was sie taten, da ich das wollte, was sie hatten. Hat das funktioniert? Ja.

Ganz plötzlich traf mich die Kraft Gottes und ich wurde wirklich gesegnet. Oft legten sie ihre Hände auf meine Schultern und neigten ihre Köpfe, und ich sah, wie sie ein Fünf- oder Sechssekundengebet sprachen. Schließlich fragte ich sie: „Was tut ihr alle, wenn ihr das tut?"

Bruder Sines sagte: „Wir geben dir all die Salbung weiter, die wir haben." Ich sagte: „Ah, okay", und dachte mir: „Wow, ich bekomme ihre ganze Salbung. Wow, okay." Allerdings musste ich noch ein bisschen reifer werden, um die Bedeutung dessen, was sie da taten, wirklich zu verstehen.

Als ich ihre Salbung empfing, wurde mir klar, dass ich ebenfalls Heilung brauchte. Ich war zwar gerade mal 17 Jahre alt, doch war ich schon ein starker Raucher und ein Trinker. Mein Vater war ein Schwarzbrenner. Er stellte Whisky her, verkaufte ihn und dachte, es sei lustig, wenn er einen kleinen Schluck in meine Flasche hineingießen würde, als ich noch ein Kleinkind war. Ich wuchs sogar so auf, dass ich Wassermelonen aß, die mit Wein oder starkem Likör versetzt waren und ein paar Tage so stehen gelassen wurden, damit das Fleisch der Melone darin marinieren konnte. Und Mann o Mann, habe ich viel geraucht!

Bereits am zweiten Tag in Pisgah hatte ich meine Zigaretten aufgebraucht. Ich wusste, dass ich in Schwierigkeiten war, da ich unbedingt eine wollte, jedoch kein Geld mehr besaß. Ich rauchte dreißig Zigaretten am Tag sowie eine Zigarre. Ich rauchte zwanzig Pall Malls, zehn Lucky Strikes und eine Fünf-Cent-Zigarre oder eine Rum Crook.

„Bruder Cantrell, ich bin nikotinabhängig", sagte ich. „Ich brauche Befreiung, und ich brauche sie ganz dringend." Er sagte kein Wort, sondern lächelte lediglich.

Ich hatte eine schöne Frisur, doch klatschte er einfach seine Hand darauf und betete für mich. Mann, ich fühlte überhaupt nichts, und dachte deshalb: „Nun gut, er hat den Heiligen Geist nicht. Das funktioniert nicht."

Weil Rauchen auf dem Pisgah-Gelände nicht gestattet war, musste ich über die Straße zu den Eisenbahnschienen gehen. Die Schienen wurden Tabakstraße genannt, da man dort rauchen durfte. Ich nahm meine letzte Pall Mall, zündete sie an und nahm einen großen Zug.

Ich würgte mich fast zu Tode! Ganz verwirrt stand ich da. Ich nahm noch einen weiteren tiefen Zug und musste mich übergeben! Ich legte die Pall Mall zurück in meine Hemdentasche, lief zurück über die Straße zu Pisgah und die Treppe hoch, um ins Bett zu gehen, da mir total schlecht war. Ich dachte aber, ich würde diese Zigarette am nächsten Morgen noch brauchen, um einem Nikotinentzug entgegenzuwirken. Ich hatte eine schlechte Angewohnheit.

Nun hatte Pisgah überall Lautsprecher installiert, und morgens um 7.15 Uhr wurde eine Botschaft von Pastor Smith übertragen, um alle 87 auf dem Grundstück lebenden Leute aufzuwecken. Um 7.15 Uhr richtete ich mich im Bett auf und erstarrte. Ich wollte nicht mehr rauchen! Seit diesem Tag habe ich nicht mehr geraucht. Das ist nun 52 Jahre her.

Im August 1960 ging ich zu Bruder Cantrell und erzählte ihm, dass ich noch ein anderes Problem hätte. Ich liebte den Geruch von Kneipen. Immer wenn ich an ihnen vorbeiging, kämpfte ich gegen das Drängen an, dort hineinzugehen.

Bruder Cantrell lächelte und klatschte wieder seine Hände auf meinen Kopf, womit er schon wieder meine Frisur ruinierte. Ich sah nie, dass er das auch bei anderen tat. Daher glaube ich, dass er mich damit demütigen wollte. Er betete: „Gott, jedes Mal, wenn Tommy an einer Bar vorbeikommt, soll er sich davor ekeln. Er wird wegrennen müssen, um von dort wegzukommen, oder er wird sich übergeben." Er beendete mit: „In Jesu Namen."

Auch diesmal verspürte ich nichts, als er für mich betete. Ich hätte gerne diese „Jesus-Gänsehaut" bekommen, doch fühlte ich nie ein

Kribbeln oder die Berührung des Heiligen Geistes. Das machte aber nichts. Es passierte etwas, ob ich nun etwas fühlte oder nicht. 52 Jahre später kann ich mich noch immer keiner Bar nähern.

Etwa einen Monat, nachdem ich die Taufe empfangen hatte, wollten sie, dass ich ins Armenviertel gehe, um dort Zeugnis zu geben. Schon allein der Gedanke daran bewirkte, dass sich dieser einfache Junge vom Land vor Angst fast in die Hose machte. Ich war damals noch schüchtern und hatte Angst davor, was die Menschen über mich denken könnten. Was wäre, wenn ich etwas Dummes sagte? Ziemlich oft tat ich nämlich genau dies.

„Bruder Cantrell, sie wollen, dass ich hinunter ins Armenviertel gehe und ...!"

„Ich weiß", sagte er. „Ich war derjenige, der es vorgeschlagen hat, dich auszuwählen."

Ich sagte: „Gut, dann brauche ich dein Gebet. Ich brauche eine heilige Kühnheit." Und wieder legte er seine Hände auf mich. Bevor wir losgingen, musste ich noch einmal ins Badezimmer, um meine Haare zu kämmen.

Wir gingen hinunter ins Armenviertel, und zu meinem Erstaunen konnten sie mich weder auf dem Weg dorthin noch als wir dort waren zum Schweigen bringen. Etwa acht der Gammler – wir nannten sie damals Gammler – kamen wegen meines Zeugnisses zum Herrn.

Pastor Smith sagte: „Es ist kaum zu glauben, dass du jemals schüchtern warst." Marlene, meine Frau, kann nicht glauben, dass ich jemals schüchtern war. Ich kann vor ein paar Leuten oder Tausenden stehen. Seit diesem Tag, an dem ich um eine heilige Kühnheit bat, hatte ich nie wieder ein Problem mit Schüchternheit.

Und natürlich rannte ich auch nicht mehr los, um eine Erkältungstablette zu holen, wenn ich einen Schnupfen bekam. Ich rannte zu Bruder Cantrell. „Bruder Cantrell, ich bekomme eine Erkältung. Bete für mich."

Er sagte dann: „Alles klar."

Jedes Mal wurde ich geheilt. Doch wusste ich zu diesem Zeitpunkt noch nicht, dass Gott mich ebenfalls gebrauchen würde, um zu heilen.

Während ich in Pisgah lebte, besuchte ich, nachdem ich errettet war, dreimal den Himmel. Das erste Mal geschah dies in einer

Veranstaltung von Katherine Kuhlman; das zweite Mal war ich im Urlaub in einer Pfingstgemeinde, die meine Mutter besuchte, in einer kleinen Stadt in Texas. Und das letzte Mal, im Jahr 1963, befand ich mich in Pisgah in einem Sonntagsgottesdienst.

An diesem Tag war nichts außergewöhnlich und ich fühlte mich auch nicht anders als sonst. Bruder Smith sagte: „Es ist nun 11.00 Uhr. Lass uns aufstehen, um Gott anzubeten." Ich stand auf, streckte meine Hände in die Höhe und ging direkt in meine dritte und letzte Vision des Himmels.

Bei jedem Besuch sitze ich auf einem mit Gras bedeckten Hügel. Dieses Mal wälze ich mich darauf. Das Gras macht ein Geräusch, das sich wie das Schnurren einer Katze anhört. Ich streichle das Gras fast, da es sich so gut anfühlt. Im Himmel ist alles lebendig!

Es gibt dort Hunde, Katzen und Pferde. Ich schaue mich um und sehe dort dieselben großen, wunderschönen, tulpenähnlichen Blumen, die ich auch in meinen anderen beiden Visionen gesehen hatte. Ich kann ihre Farben nicht wirklich beschreiben, da ich sie nie zuvor gesehen habe. Das erste und das zweite Mal neigten sich die Blumen mir zu, als würden sie mich anschauen. Dieses Mal sage ich zu ihnen: „Na ihr!" Sie beginnen sich zu schütteln, als würden auch sie „Hallo", zu mir sagen.

Ich schaue mich um, und wie zuvor sehe ich diese Menschen mit wunderschönen Gewändern kommen. Ich rufe: „Herrlichkeit!" Ich kann ein donnerndes „Herrlichkeit!"-Echo von überall her hören.

Der Himmel ist der Erde sehr ähnlich, nur ist er viel größer. Alles ist so klar! Und es herrscht ein vollkommener Friede.

Als diese Vision vorbei war, nahm ich meine Hände herunter. Meine Arme schmerzten nicht. Ich schaute mich um und sah überall in der Kirche, dass die Frauen ihr Make-up verweint hatten. Manche ruhten im Geist.

Ich schaute die jungen Menschen an und sah, dass sie alle weinten. Ich sah zu Schwester Smith hin, die Frau von Bruder Smith. Sie saß dort und die Tränen schossen ihr einfach aus den Augen. Ich dachte mir: „Was ist los mit ihr? Was passiert gerade?"

„Schwester Smith, wie spät ist es?"

Sie sah nach: „Es ist ungefähr drei Minuten nach eins", und dann lächelte sie lieblich zu mir herüber und winkte. Ich konnte es nicht fassen. Es war doch gerade erst 11.00 Uhr gewesen.

Ich wusste, dass ich mich eine Weile in meiner Vision befunden hatte. Ich dachte dreißig Minuten. Es war zwei Stunden später! Ich sah, dass Bruder Sines und Bruder Christopher wie kleine Babys weinten.

Ich dachte mir: „Was ist geschehen? Was ist passiert?"

„Tommy, ich habe deine Augen länger beobachtet. Deine Augenlider haben nicht einmal geblinzelt", erzählte mir meine Freundin Vivian. „Dein Mund war ein klein wenig geöffnet, aber es sah aus, als würdest du noch nicht einmal atmen. Du sahst aus wie eine Statue."

Ich fand heraus, dass die Schechina-Herrlichkeit überall um mich herum herabgekommen war. Zwei Stunden lang hatte ich mich kein Stück bewegt, noch mit der Wimper gezuckt. Bruder Smith lächelte mich mit seinen weinenden Augen an und sagte schließlich: „Wir brauchen heute keine Predigt. Wir hatten bereits einen Gottesdienst." Und jeder sagte: „Ja, Amen!" Nach diesem Erlebnis behandelten mich die Menschen aus irgendeinem Grund mit weitaus mehr Respekt.

Menschen von überall hörten davon und ich bekam Einladungen aus dem ganzen Land.

Die großen Diener Gottes kamen vorbei, da sie Tommy treffen mussten. Ich wurde „Pisgahs jugendlicher Pfingstfeuerball" genannt.

Ich begann für Menschen zu beten und sie wurden geheilt. Jedoch musste ich mich erst noch an diesen Gedanken gewöhnen. Im Raum der Sonntagsschule hatte eines der jungen Mädchen, Cheryl Meyers, Migräne. Eines Tages fing sie an zu weinen und Glenda Soda hörte nicht auf, mich anzustarren.

Schließlich fragte ich: „Was ist denn?" Sie sagte: „Steh auf und heile sie."

Ich ging zu ihr hin und sagte: „Cheryl, ich werde jetzt meine Hände auf dich legen. Wo tut es denn weh?"

„Genau hier drin", sagte sie, indem sie auf die Seite ihres Kopfes zeigte. Tränen flossen über ihre Wangen.

Ich sagte: „Okay."

Ich legte sanft meine Hand auf sie und begann zu beten. Sie hob ihre Hand und klatschte sie auf meinen Kopf und sagte: „Höre nicht auf zu beten!" Nun, ich hörte nicht auf. Ich blieb im Gebet und fing an in Sprachen zu beten. Schließlich saß sie dort lächelnd ... und geheilt.

Eines Tages sagte mir Gott, ich solle für Cheryls Vater beten. Ich hörte, wie Gott sagte: „Geh und bete für Bruder Meyers." Ich ging zu ihm hin, legte meine Hände auf ihn und betete. Er zuckte und schaute mich an. Ich betete noch einmal für ihn, und er zuckte wieder. Ich wusste nicht, wofür ich eigentlich betete. Gott hatte mir einfach gesagt, ich solle zu ihm hingehen und für ihn beten. Später fand ich heraus, dass Gott mich gebraucht hatte, um ihn von Darmkrebs zu heilen.

Erinnern Sie sich noch, wie Bruder Cantrell für mich betete und meine Schüchternheit in eine heilige Kühnheit verwandelte? Nun, ich nahm diese Kühnheit mit in den Park, der sich in der Nähe von Pisgah befand, welcher von jungen Teenies und einer Gang von Drogendealern übernommen worden war. Sie duldeten dort keine Kinder unter zehn oder über dreizehn. Einige ältere Leute wurden getötet, nur weil sie in ihre Nähe gekommen waren. Sobald die Sonne unterging, herrschten diese kleinen Ganoven.

Nun, Prediger Tommy, wie sie mich nannten, ging dann dort hin, um mit ihnen zu sprechen. Die jungen Mädchen mochten mich, da ich sie nicht an unangemessenen Stellen berührte, wenn sie sich zu mir setzten. Sie wussten, dass ich echt war.

Ich betete dann für sie und sagte ihnen, sie sollten zur Missionsstation gehen, wo Bruder Johnny, der Sohn von Frank Bartleman und Chefkoch von Pisgah, ihnen dann Eiscreme geben würden. Zu Johnny sagte ich dann: „Wenn sie zu dir kommen, um sich Eiscreme zu holen, schickst du sie dann in die Kirche." Er und ich arbeiteten zusammen.

Dies machte mich zu einer Zielscheibe für die Gangs. Sie warnten mich: „Prediger Tommy, wir werden dich umbringen, Mann. Bleib fern von den Kindern!"

Nach Azusa: Wunder in Pisgah

Ich erwiderte: „Warum? Damit ihr die Kinder mit den Drogen umbringen könnt? Nein!"

Sie drohten wieder: „Wir werden dich umbringen."

Ich sagte: „Das ist ja wohl Gottes Sache!"

Eines Nachmittags fingen sie mich an der Brücke der Avenue 60 in Pasadena ab.

Ich gab gerade einem Jungen namens Henry mein Zeugnis, der gekommen war, um nach einem verrückten Hinterwäldler mit dem Namen Tommy zu suchen. Zu diesem Zeitpunkt war ich 1,88 m groß, wog 90 Kilo, hatte eine Taille von 81 cm sowie Bizeps, die sich hochwölbten, ohne dass ich sie anspannte. Henry war auch gut gebaut, jedoch nur 1,76 m groß.

Er und ich überquerten gerade die Brücke, als diese Bande in einem Auto hinter uns anhielt. „Wir werden dich umbringen, Prediger Tommy!", riefen sie, während sie aus dem Auto herauskamen. Wir stoppten und drehten uns um. Wir trugen beide kein Hemd, da es ein heißer Sommertag war.

Sie waren sechs und wir nur zwei. Sie schauten uns an, gingen dann in ihr Auto zurück und fuhren weg. Kurz darauf kamen sie mit Waffen zurück. Einer von ihnen schlug mir mit einer stählernen Stange in die Rippen. Ein anderer Typ schlug mir mit einem antiken Stuhlbein, das wie ein großer dicker Knüppel war, direkt ins Gesicht. Dadurch brachen meine Brille und meine Nase. Ich ging zu Boden, ich ging nicht k. o. Sie traten und schlugen nach mir, während ich auf dem Boden lag. Henry hielt ein Auto an, welches gerade vorbeifuhr, und brachte mich dann zurück nach Pisgah.

Ich kann mich nur noch an wenig erinnern. Ich hörte immer wieder: „Er war so ein lebendiger Christ, ein junger..." Eine andere Stimme sagte: „Sei ruhig! Er ist es immer noch, nicht wahr?" Dann gingen mir die Lichter aus.

Später sagten sie mir, ich sei geradewegs auf mein Gesicht gefallen. Sie brachten mich ins Krankenhaus nach Los Angeles, um mich dort untersuchen zu lassen. Die Krankenschwester fragte, was mir zugestoßen sei. Ich sagte es ihr.

„Der Schlag in deine Rippen hätte dich eigentlich umbringen müssen. Deine Rippen sollten eigentlich zerschmettert sein, aber sie sind noch nicht einmal gebrochen. Auch dein Gesicht hätte eigentlich zertrümmert sein müssen, doch ist lediglich deine Nase ein wenig gebrochen. Es ist nicht so ernst."

Ich fragte sie: „Was ist mit den Prellungen um mein Auge herum?"

Sie sagte: „Sie werden alle heilen. Sie sind nicht so schlimm. Du bist ziemlich gut durchtrainiert!", sagte sie. „Das hat dich gerettet."

Ich wollte nicht mit ihr argumentieren, dachte mir aber: „Nein, Gott hat mich gerettet!"

„Wirst du in den Park zurückgehen?", fragte sie mich.

Ich sagte: „Definitiv. Sobald ich wieder normal laufen kann, werde ich dorthin zurückgehen." Ich wollte nicht zulassen, dass der Teufel diese Schlacht gewann.

Der Drogenring wurde schließlich zerschlagen. Die Kinder lieferten sie aus und die Kirchen in der Gegend wurden von diesen Teenies aus dem Park überflutet. Etwa 120 von ihnen kamen mit mir zusammen in die Kirche. Sieg!

In Matthäus 10,8 trug uns Jesus auf, die Kranken zu heilen, die Dämonen auszutreiben und die Toten aufzuwecken. Etwa innerhalb eines Monats, seit ich in der Schechina-Herrlichkeit gebadet wurde, hatte ich bereits zwei dieser drei Punkte erfüllt.

Bruder Silver, ein Rechtsanwalt im Ruhestand, schrie während eines Gottesdienstes plötzlich auf, griff nach seinem Herzen und fiel rückwärts über die Kirchenbank. Dr. Dodge, der auch im Gottesdienst war, rannte zu ihm hinüber. Er untersuchte ihn zweimal. „Er ist tot!", verkündete der Arzt.

Schwester Smith rief zu Peggy Johnson, die gerade an ihr vorbeiging: „Geh und hole Tommy Welchel!" Sie musste meinen Nachnamen dazu erwähnen, da es viele Tommys in Pisgah gab. „Geh jetzt, Peggy!"

Peggy fand mich. „Schwester Smith sagte, dass du zur Kirche kommen sollst. Jetzt!" Peggy war so bestimmt, dass ich sie nicht hinterfragte. Ich ging.

„Sieh dir Bruder Silver an", sagte mir Schwester Smith.

Ich schaute ihn an und sagte: „Für mich sieht er tot aus."

Sie sagte: „Geh, und wecke ihn wieder auf!"

Ich erwiderte: „Was? Huh?"

„Ich sagte, geh und wecke ihn wieder auf!", wiederholte sie.

„Du willst, dass ich hingehe und ihn von den Toten auferwecke?"
„Ja! Jetzt!", sagte sie.
Langsam ging ich auf Bruder Silver zu und blieb zögerlich stehen. „Tommy, geh und wecke ihn auf!" wies mich Schwester Smith an. Also wirklich, kommt schon. Wecke die Toten auf? „Ich habe gesehen wie du für Menschen gebetet hast und sie geheilt wurden. Ich habe gesehen, wie du Dämonen ausgetrieben hast", sagte sie. „Ich habe noch nie gesehen, dass du Tote auferweckt hast."

Nun bekam ich es mit der Angst zu tun. Ich wollte fragen, „Warum ich?"

„Thomas, wecke ihn wieder auf!", forderte sie mich auf. Wie konnte sie es wagen, mich mit meinem echten Namen anzusprechen! Jetzt war ich wirklich sauer.

Ich schwang mein linkes Bein über Bruder Silver. Ich legte meine linke Hand auf seine Brust, meine rechte Hand auf seinen Kopf und ich schrie laut: „Ich befehle dir, jetzt von den Toten zurück zur Erde zu kommen, in Jesu Namen!"

Plötzlich spürte ich, dass etwas wie Elektrizität aus meiner Hand herausschoss. Es hob ihn hoch. Er schüttelte sich und schaute hoch zu mir. Ich sah zu ihm hinunter. Er war extrem verärgert. Dieser Mann war wirklich wütend!

Er kam hoch und seine Nase kam meiner so nah, dass wir uns geküsst hätten, wenn wir die Lippen gespitzt hätten.

„Ich war im Himmel!", sagte er.

Schließlich antwortete ich: „Sie wollte, dass ich das tue!", und zeigte auf Schwester Smith.

Alle, außer Bruder Silver und mir, fingen laut an zu lachen. Langsam kam ich von ihm herunter. Ich hielt meine Hände schützend vor mich, um zu verhindern, dass er nach mir schlug. Dann konnte ich abhauen. Bruder Silver lebte noch weitere 5 Jahre.

Nach diesem Erlebnis erhielt ich natürlich viele Anfragen, um über das Erlebte zu sprechen. Und wer bezahlte meine Reisekosten? Bruder Silver tat es.

1968 verließ ich Kalifornien, um nach Georgia zu gehen. Ich hatte Pisgah zwei Jahre vorher verlassen. Bruder Silver lag im Sterben und erzählte jedem, er wolle nach Hause gehen. Eines Tages erwischte er meinen Freund, der dort immer noch lebte, und packte ihn, zusammen mit etwas Brusthaar, an seinem Hemdkragen. „Ich werde sterben. Wage es nicht, Tommy Welchel irgendetwas davon zu erzählen, bevor ich begraben bin."

Als er dann schließlich begraben wurde, rief mich mein Freund an und erzählte mir alles. Ich musste lachen. Bruder Silver nehme ich das nicht übel. Ich würde den Himmel auch nicht verlassen wollen.

Kapitel 18

Manna von heute: Aktuelle Wunder

Die nun sein Wort annahmen, ließen sich taufen, und es wurden an jenem Tage etwa dreitausend Seelen hinzugetan. Sie verharrten aber in der Lehre der Apostel und in der Gemeinschaft und im Brotbrechen und im Gebet. Es kam aber eine Furcht über alle Seelen, und viele Wunder und Zeichen geschahen durch die Apostel (Apostelgeschichte 2,41.43 SLT).

Erweckung bedeutet, dass etwas wiederbelebt oder ins Leben bzw. Bewusstsein zurückgebracht wird. Manchmal möchte ein Pastor seine Gemeinde „aufwecken" oder sie sogar zahlenmäßig wachsen lassen. Ein Evangelist wird eingeladen und träufelt frische Gedanken in die Köpfe der Gemeindemitglieder, um das Leben in ihnen wieder zu entfachen und ihr geistliches Bewusstsein zu stärken. Eine Erweckung ist in Wirklichkeit für die Heiligen, für die Gläubigen. Um erweckt zu werden, muss etwas da sein – Glaube –, das wiederbelebbar ist.

„Azusa-Street-Erweckung" ist eigentlich eine unzutreffende Bezeichnung. Die Azusa Street war ein Erwachen! So wie im Obergemach in der Apostelgeschichte, erschütterte es zuerst diejenigen, die sich darin befanden, und schließlich die ganze Welt. Nicht nur Christen, sondern alle Menschen. Ein Erwachen ist für jeden, nicht nur für die Heiligen.

Die Azusa Street wurde nicht geplant. Sie wurde vom Himmel heruntergebetet. Der geistliche Raum hat eine physische Dimension. In Offenbarung 5,8 heißt es: „ ... und sie hatten jeder eine Harfe und goldene Schalen voll Räucherwerk; das sind die Gebete der Heiligen."

Ich mag die Art und Weise, wie Tommy es ausdrückt: „Der Regen fällt nicht, sondern häuft sich immer mehr an, bis er so schwer wird, dass die Erdanziehung ihn herunterzieht. Die Kraft Gottes wirkt auf die gleiche Art und Weise. Wir beten und bleiben so lange im Gebet, bis die Schalen mit den Gebeten so schwer werden, dass wir den Himmel herunterziehen. Genau das taten sie bei der Azusa Street. Das ist, was Bartleman mit seinen Gebetsgruppen vorbereitend vor der Ausgießung überall in der ganzen Stadt getan hatte.

„Ich werde den Leuten so lange die Geschichten der Azusa Street erzählen", sagte Tommy, „bis die Gebete von Gottes Volk so schwer werden, dass wir den Himmel wieder herunterziehen. Tommy sagt: „Wir müssen nicht im Wettstreit darüber sein, dass sich die 100-Jahr-Prophetie erfüllt, aber wir haben eine Rolle in dem Ganzen zu spielen. Diese Rolle bedeutet hauptsächlich zu beten und Gott zu suchen und anhaltend nach der Salbung zu trachten, bis wir sie herunterziehen. Wie gesagt, ist es genau wie beim Regen."

Vergiss nicht, dass wir in der Zeit dieser Prophetie leben! Diese Mal wird es größer, besser und global sein. In vielen Teilen der Welt geht die Prophetie schon jetzt in Erfüllung. Die Menschen sind hungrig nach dieser nächsten Ausgießung. Die Herausgabe von Tommys erstem Buch war ein Auslöser für diese erwartete, gewaltigere Bewegung Gottes, über die wir in den folgenden Zeilen lesen werden.

Ich frage mich – hätten Parham, Seymour und all die Leute der Azusa Street eine heilige Eifersucht auf uns, wenn sie noch immer am Leben wären?

Sehr viele Menschen werden begeistert und wollen mit mir über die 100-Jahr-Prophetie sprechen. „Hast du irgendetwas davon gesehen?", fragen sie. Ich sage: „Und ob ich das habe!" Ich erhalte Anrufe aus der ganzen Welt.

Eines meiner Lieblingszeugnisse handelt von einem Missionar, der nach China gegangen ist, den wir einfach mal Bruder X nennen. Er bat mich darum, seinen wahren Namen nicht preiszugeben, da bei Bekanntgabe seiner Identität sein Leben in Gefahr wäre. Er und andere Missionare haben mein erstes Buch in Malaysia für 27 Cent pro Exemplar gedruckt. Dann haben sie die Bücher in das Land hineingeschmuggelt und es kostenlos verteilt.

Ich rief Bruder X an und fragte: „Bruder, wie viele Bücher habt ihr nach China hineinbekommen?"

Er antwortete: „Über 200.000." – „Wow!"

Er sagte: „Bruder Tommy, sie können einfach nicht anders, als es zu glauben. Und sie erleben die gleichen Dinge wie sie in der Azusa Street geschahen. Sogar die chinesischen Soldaten gehen vorbei und sehen die Herrlichkeit an den Orten, an denen die Versammlungen stattfinden. Sie gehen nicht hinein. Sie haben Angst."

Ich fragte: „Wie oft passieren die Wunder?"

Er erwiderte: „Die Wunder geschehen in allen Treffen. Sie erleben, wie Gliedmaßen nachwachsen. Sie wecken die Toten auf. All die Dinge erleben sie jetzt in China."

Ich sagte: „Das ist ja wunderbar! Wie sieht es mit Errettungen aus?"

Bruder X antwortete: „Wir schätzen, dass pro Buch durchschnittlich drei Menschen errettet werden."

Ich fragte: „Über 600.000 Menschen?"

Er sagte: „Das ist richtig, Bruder Tommy. Ganz China erlebt eine Erweckung. Sie reden nur nicht viel darüber."

Er endete, indem er sagte: „Es gibt nur ein Buch, das in China noch beliebter ist als deines – die Bibel."

Wenn wir ein paar Ozeane weiter nach Südamerika springen, lernen wir den amerikanischen Missionar Paul Borel kennen, der mein Buch fand und es las. Er spricht fließend portugiesisch und ging zu einem Open-Air-Gottesdienst mit 9300 Menschen in Brasilien. Bruder Paul wusste nicht, dass sie dafür gebetet hatten, diese Art von Manifestationen zu sehen. Er stand einfach auf und fing an aus meinem Buch vorzulesen.

Als er über die Schechina-Herrlichkeit vorlas, fingen die Menschen an, im Geist umzufallen. Ich fragte ihn, wie viele umgefallen seien. „Alle", sagte er. Neuntausenddreihundert Menschen ruhten im Geist. Ich konnte es nicht glauben. Er sagte: „Man konnte nicht mehr durch die Gänge gehen. Überall lagen Leute herum."

Ich fragte ihn, was er und der Pastor während dieser Zeit getan hätten. „Wir warteten darauf, dass sie alle wieder zu sich kamen."

Ich kann mir diese Szene gut vorstellen. All diese Menschen. Ich liebe dieses Zeugnis.

Etwas näher zu Hause wurde mein Buch von Todd Bentley, der die Lakeland-Erweckung geleitet hatte, gelesen. Ich wurde von Sid Roth interviewt, und Sid sagte zu mir: „Tommy, Todd Bentley spricht und klingt, als habe er dein Buch gelesen." Ich erzählte Sid, ich wüsste, dass er es gelesen habe.

Todd erlebte während seiner Zeit in Lakeland 31 Totenauferweckungen. Einige der Leute, die er aufweckte, waren noch nicht einmal dort. Ihre Familienmitglieder riefen an, Todd betete und die Verstorbenen kamen zum Leben zurück. Genau das ist Erweckung! Todd musste für die Heilungen und Auferweckungen noch nicht einmal seine Hände auf die Menschen legen.

Weißt du, du musst noch nicht einmal in einer Kirche sein und bist nicht darauf angewiesen, dass jemand dir die Hände auflegt.

Ein anderes Mal befand ich mich in einer ziemlich großen Kirche im San Fernando Valley in Kalifornien, und wir erlebten einen Erweckungsausbruch, bei dem viele Menschen geheilt wurden.

Viele von ihnen standen einfach von ihren Sitzen auf und wurden geheilt, indem sie einfach beobachteten, wie andere Leute, für die ich betete, geheilt wurden. Ich war in Eile, um nach Coronado Island bei San Diego zu kommen und sagte: „Jeder der Heilung braucht, soll seine Hand zu mir ausstrecken."

Ich sprach ein Gebet für die ganze Menge, und als wir dabei waren, den Ort zu verlassen, kamen die Menschen immer noch zu mir, um von ihren Heilungen zu berichten. Das hat mich so begeistert! Eine kleine, alte, schwarze Dame erzählte mir, ihre Arthritis sei so schlimm gewesen, dass sie Windeln habe tragen müssen, da sie es nicht rechtzeitig zur Toilette schaffte. Nun sah ich, wie sie herumhüpfte und sagte: „Schau mich an, Bruder Tommy!"

Ich fragte: „Du wurdest also geheilt, als ich das Massengebet sprach?" Sie sagte: „Ja, wurde ich geheilt."

Die „Heilungen ohne Hände" so wie ich sie gerne nenne, gehören zu den Dingen, die ich am liebsten sehe. Nur wenige Male habe ich meine Hände auf die Menschen gelegt. Ich bin ja nicht der Heiler. Der Heilige Geist ist es. Diejenigen, die geheilt werden, empfangen von Gott die Heilung, die schon 2000 Jahre vorher am Kreuz geschehen ist. Häufig, wenn ich über bestimmte Wunder von Azusa spreche, passieren die gleiche Heilungen im Publikum.

Eines meiner Lieblingsbeispiele hierfür geschah im Frühjahr 2012 in den Staaten, in der Nähe von Albany in New York. Ich wurde von einem messianischen Rabbi zu einer Konferenz eingeladen. Ich stand vorne und erzählte die Geschichte von Schwester Lucille und über den Spaß, den sie hatte, wenn die Zähne nachwuchsen.

Ganz plötzlich hörte ich dieses „Oh!" von einer Dame aus dem hinteren Teil des Raumes.

Ich fragte: „Ist etwas nicht in Ordnung, Schwester?"

Die Frau, die neben ihr saß, sagte: „Nein, Bruder Tommy. Bei ihr ist nur gerade an der Stelle ein Zahn gewachsen, wo einer fehlte!" Nun, ich habe ihr nicht die Hände aufgelegt. Ich habe noch nicht einmal für einen Zahn gebetet. Allein durch das Erzählen der Geschichte wurde das Wunder freigesetzt.

Im Oktober 2012 geschah während eines Vortrages in Tyler in Texas eine weitere „Heilung ohne Hände". Ich betete ein „Gabenübertragungsgebet" für ein sechzehnjähriges Mädchen. Während ich betete, bemerkte ich, dass sie zu weinen anfing. Ich dachte, der Heilige Geist habe sie berührt, während sie die Salbung empfing.

Kurze Zeit später kam das Mädchen in Begleitung ihrer Mutter zu mir. Ich fand heraus, weshalb sie geweint hatte. Seit ihrer Geburt war sie im linken Ohr vollkommen taub gewesen. Während ich das „Gabenübertragungsgebet" betete, öffnete sich das taube Ohr, und zum ersten Mal in ihrem Leben konnte sie perfekt auf diesem Ohr hören. Das waren echte Freudentränen.

Ich war begeistert, dass eine Heilung für etwas empfangen wurde, von dem ich noch nicht einmal wusste, geschweige denn, dafür gebetet hatte. Dies zeigt doch deutlich, dass nicht ich derjenige bin, der die Heilung vollbringt.

Mein Freund, Bruder Steve Siler, aus Moore in Oklahoma, besitzt einen verblüffenden „Zahndienst". Insgesamt hat er schon über 2000 Wunder in Form von Gold- und Silberfüllungen, Zahnschmelzfüllungen und sogar neuen Zähnen erlebt! Ich war auf einigen dieser Treffen, um dieses Phänomen mitzuerleben.

Ich erinnere mich an eine Nacht, als eine Frau eine Goldfüllung in einem kaputten Zahn empfing. Ich schaute in ihren Mund und sah da noch etwas Glitzerndes, das nicht wie Gold aussah. Wir holten eine Lupe und inspizierten das Funkeln. Tatsächlich war dort inmitten des Goldes ein Diamant, als hätte ein Juwelier ihn dort eingesetzt. Steve erzählte mir auf einem Treffen, dass die Frau eines Pastors vier Diamanten in ihren Zähnen empfangen hatte. Ein anderes Mal erzählte Steve, dass eine 66-jährige Frau acht Goldzähne bekommen hatte. Sie ging zu ihrem Zahnarzt, und drei weitere Mitarbeiter bestätigten, dass es sich um 24-karätiges Gold handelte, also das reinste Gold, das es gibt!

Bruder Steve reist durch das ganze Land. Er hat auch schon mit Sid Roth zusammen Erweckungsveranstaltungen geleitet. Steve hat mein erstes Buch auf seine Veranstaltungen mitgenommen und laut daraus vorgelesen. „Jedes Mal, wenn ich Tommys Buch zu einem Treffen mitnehme", sagte Steve, „entsteht eine Atmosphäre der Erwartung, die zu einem Nährboden für Wunder wird." „Ein Erdrutsch des Übernatürlichen" geschieht, wenn er daraus vorliest.

Gold regnete herab und Herrlichkeitswolken tauchten auf. Ich habe es gesehen, als ich an seinen Treffen teilnahm. Ich erinnere mich an das eine Mal, als ich dachte, meine Brille sei beschlagen. Als ich sie abnahm, war der „Nebel" jedoch immer noch da. Die Schechina-Herrlichkeit schwebte über dem Anbetungsleiter. Er hob seine Hand in Anbetung und sie verschwand in der Wolke. Ich war der Erste, der es bemerkte, dann Steve. Als Bruder Steve die Herrlichkeit sah, gab Gott ihm ein Wort. „Ich glaube, dass Gott heute Abend Rückenprobleme heilen möchte", gab Steve bekannt. „Jeder der Rückenprobleme hat, kommt bitte nach vorne." Dreißig Menschen wurden an diesem Abend geheilt!

Metallplatten, Schrauben und Muttern verschwanden aus den Körpern der Menschen. Missbildungen wurden wieder korrigiert und sogar neue Organe, wie zum Beispiel Nieren, wurden empfangen. Fünf neue Herzen, die bestätigt worden sind, wurden Steve in den letzten sechs Jahren berichtet, einhergehend mit hunderttausenden von Dollar, die durch abgesagte Operationen eingespart wurden.

Es gab Frauen, die in einer Nacht um ganze fünf Kleidergrößen abnahmen. Dies erinnert mich an ein Wunder, das mir im Gedächtnis geblieben ist. Es handelt von einem kleinen, kaum zwölfjährigen Mädchen. Nun ja, nicht gerade klein. Sie war extrem übergewichtig.

Steve hatte bereits vorher schon für sie gebetet. „Bruder Steve, ich muss etwas Gewicht verlieren. Ich möchte nicht zur Schule gehen, da sie so viele Witze über mich machen, und die Lehrer sich nicht darum kümmern."

Er sagte: „Gut, wir werden für dich beten und sehen, was Gott tun wird." So betete er noch einmal für sie und ging dann zu einer anderen Person.

Ich behielt das kleine Mädchen im Auge. Ich konnte beobachten, wie sie schrumpfte! Sie schrumpfte auf eine perfekte Größe und wurde ein sehr hübsches kleines Mädchen. Als sie aufstand, sah ihre Bluse wie ein Zelt an ihr aus und sie musste ihre Hose mit einer Hand festhalten.

Drei Wochen später stand das Mädchen in einer Veranstaltung auf und gab Zeugnis darüber, dass sie 18 kg verloren hatte. Sie hatte keine Diät gemacht und auch keinen Sport. Sie verlor das Gewicht übernatürlich. Dieses zwölfjährige Mädchen empfing an diesem Abend das Feuer des Heiligen Geistes und fing an zu predigen und zu prophezeien, was Wunder freisetzte. Allein dadurch, dass die Menschen ihr zuhörten, verloren sie ihre Kilos. Das ist die Art von Schlankheitskur, die ich liebe!

An einem anderen Abend, als ich mit Steve zusammen war, kam eine gebrechliche Frau, die in ihren Sechzigern war, in das Treffen. Ihre Haare fielen aus, sie schob schlürfend ihren Gehwagen vor sich her und der Schlauch eines Sauerstofftanks pumpte Luft durch ihre Nase hin zu den erkrankten Lungen. Der Krebs war dabei, sie umzubringen.

Steve betete für sie, und anschließend konnte ich sehen, dass sie anfing, sich besser zu bewegen. Dann brauchte sie den Gehwagen nicht mehr, und ich beobachtete, wie sie durch die Kirche hüpfte. Auch unterbrach sie die Sauerstoffzufuhr.

Drei Monate später, bei einem anderen Treffen mit Steve, versammelte sich eine Gruppe von Menschen, um vorne zu singen. Ich sah, wie sich eine Frau zu der Gruppe stellte, und dachte, dass sie aussah wie die Frau, die Monate zuvor Lungenkrebs gehabt hatte. Doch hatte diese Frau weder einen Sauerstoffschlauch in ihrer Nase noch einen Gehwagen in der Hand. Auch hatte sie volles und glänzendes Haar.

Steve nahm Augenkontakt mit mir auf und gab mir von der gegenüberliegenden Seite des Raumes zu verstehen: „Das war die sterbende Frau!" Sie schlurfte nicht mehr, sondern tanzte. Sie musste nicht mehr um ihren Atem ringen, sondern sang! Und sie sah nun etwa zehn Jahre jünger aus, als sie in Wirklichkeit war.

Die Ärzte bestätigten dieser Frau, dass sie komplett geheilt war. Es war, als hätte sie noch nie Krebs gehabt. Was für eine Freude!

Noch eine letzte „Bruder Steve"-Geschichte, die mich einfach begeistert. Sie handelt von einem sechzehnjährigen jungen Mann, der so schlimm an Skoliose erkrankt war, dass sich sein Rücken in ein S verkrümmt hatte. Steve betete für ihn, und der Junge ging unter der Kraft Gottes auf eine Art zu Boden, dass er quasi in Zeitlupe zur Seite fiel, als würde ein Engel ihn hinlegen.

Schließlich stand der junge Mann auf. Sein Rücken war völlig gerade, als hätte er eine komplett neue Wirbelsäule bekommen! Mit seiner Verformung war er etwa 1,70 m groß. Nach der Heilung war er geschätzt fast zehn Zentimeter größer. Natürlich flippten er und seine Eltern aus. Würde es dir nicht auch so gehen?

Das nächste Wunder ereignete sich, noch bevor ich das Treffen von Bruder Steve erreichte. Ich war auf dem Parkplatz und holte noch ein paar meiner Bücher aus dem Auto, als mich eine Dame mit extremen Rücken- und Beinproblemen ansprach.

„Würden Sie im Treffen für mich beten?", fragte sie mich.

Ich erwiderte: „Warum sollen wir auf das Treffen warten? Was ist Ihr Problem?" Sie berichtete es mir. Ich sagte: „Gehen Sie ein paar Schritte für mich." Sie konnte kaum gehen und jeder Schritt war für sie ganz offensichtlich sehr schmerzhaft. So legte ich ihr die Hände auf.

Ich legte meine linke Hand auf ihre Schulter und meine rechte Hand auf ihre Stirn. Ich betete für sie und sie sackte auf dem Asphalt fast zusammen. „Nun gehen Sie", sagte ich. Sie fing an, perfekt zu gehen. Seither habe ich sie noch ein paarmal gesehen, und sie tänzelte dann immer an mir vorbei, um mir zu präsentieren, wie gut sie laufen kann. Das war so genial.

Ich habe noch eine weitere Oklahoma-Geschichte, die sich dieses Mal in Tulsa abspielte. Der Raum in dem Hotel war für 200 Menschen bestimmt. Irgendwie quetschten sich aber 300 hinein. Ich sprach gerade von vorne, als ein Mann aufstand und sagte: „Bruder Tommy, wir würden sehr gerne alle deine Geschichten hören, doch jeder hier möchte, dass du für ihn betest."

Ich sagte: „Jeder?" „Yeah", sagte er.

Er kam nach vorne und flüsterte in mein Ohr: „Dies sind alles Pastoren. Einige von ihnen haben den Dienst bereits verlassen und andere denken darüber nach, ihn zu verlassen. Es scheint, als könnten sie die Salbung nicht empfangen.

Ich sagte: „Was? Das ist doch ganz einfach."

Er sagte: „Okay. Gib sie an sie weiter."

Ich fing an für sie zu beten und der Feueralarm ging los. Dann kam einer der Hotelmitarbeiter, um ihn auszuschalten. Ich betete noch für einige andere. Der Feueralarm erklang erneut. Wieder kam der Hoteltechniker, um ihn auszuschalten.

Ich war fast damit fertig, für die Leute zu beten und ihnen die Salbung weiterzugeben, als der Alarm ein drittes Mal losging. Einer der Männer fragte: „Ist das jemals zuvor passiert?"

Der Hoteltechniker antwortete: „Nein. Wir wissen nicht, warum er immer wieder angeht."

Ich sagte: „Nun ja, ihr habt den Heiligen Geist und Feuer hier drinnen. Die Hitze der Salbung löst ihn aus."

Später bekam ich mit, dass die Pastoren, die ihren Dienst verlassen hatten, nach meinem Gebet der Weitergabe an jenem Tag wieder in ihren Dienst zurückkehrten und dass diejenigen, die aufhören wollten, sich entschieden zu bleiben. Mich erfreut der Gedanke, dass durch meinen Dienst 300 Prediger immer noch predigen.

Die nächste Geschichte handelt von einer sehr einzigartigen Gabenübertragung, die ich persönlich erlebt habe. 2008 war ich mit Pastor Kevin Richardson, einem ortsansässigen Freund, in Los Angeles. Dessen eigene Geschichte ist wirklich fesselnd.

Kevin war baptistischer Missionar, als die Kraft Gottes ihn berührte. Er empfing die Salbung von Bruder Seymour, als er, nach zwei Begegnungen mit dem Heiligen Geist, Seymours Grab besuchte. Er und Dana Roman, eine andere Freundin aus der *Foursquare*

Church, hatten mich zu einigen Treffen nach Los Angeles eingeladen. Immer wieder bat ich sie dann darum, mich zu Seymours Grab zu bringen. Schließlich sagte ich: „Dana und Kevin, ich würde gerne zu Seymours Grab gehen. Ich werde nirgendwo anders hingehen und sprechen, bis ihr mich zu seinem Grab gebracht habt."

So nahmen sie mich am nächsten Tag mit zum Friedhof. Bruder Seymours Grab war damals nicht gut gepflegt, wie es das vertrocknete, tote Gras und die sandige Erde bezeugten. Es war Juli und sehr heiß. Schwitzend stand ich da und dachte mir: „Nun gut. Und was nun, Herr?"

„Leg dich auf das Grab!", antwortete Gott.

„Gott, siehst du wie staubig und heiß es ist?"

Dann sagte er noch lauter. „Lege dich auf das Grab."

Ich spürte, wie meine Knie sich beugten. Und noch bevor ich es wirklich realisierte, lag ich auf der harten, trockenen Erde und fühlte mich wie der tote Körper in 2. Könige 13,21, als die weggeworfene Leiche auf die Knochen von Elisa fiel und der tote Mann zurück zum Leben kam. Als ich auf Seymours Grab lag, spürte ich ein leichtes elektrisches Kribbeln in meinem ganzen Körper. Schließlich und ganz plötzlich war es vorbei.

Ich hörte Gott sagen: „Nun hast du es!" Was ich bekommen hatte, war Seymours Salbung. Ich wollte sie, und so habe ich sie bekommen. Genauso wie Seymour das wollte, was Parham hatte. Einige sagen: „An so etwas glaube ich nicht." Das ist okay. Sie werden nicht bekommen, was sie nicht wollen. Gott ist ein Gentleman. Gnädigerweise halfen mir Kevin und Dana beim Aufstehen und staubten mich ab. (Im Juni 2012 nahm ich meine Co-Autorin Michelle Griffith mit zu Seymours Grab. Sie hatte ein ähnliches Erlebnis, bei dem Elektrizität durch ihren Körper floss. Offensichtlich hielt dieses „Kribbeln" noch eine weitere halbe Stunde an, nachdem sie vom Grab wieder aufgestanden war. Michelle sagte, sie habe noch nie zuvor etwas so Kraftvolles und Ungewöhnliches erlebt.

Dana organisierte für mich ein Treffen in der *Foursquare Church* in Riverside. Bei jedem Vortrag lasse ich mir vom Heiligen Geist zeigen, was ich sagen soll. Während meines Vortrags in dieser Gemeinde erinnerte ich mich daran, dass Bruder Seymour Bruder Sines immer gebeten hatte, eine bestimmte Melodie zu spielen. Dieser fing an, sie zu spielen, und Seymour ging dann einfach einige Minuten umher und sagte schließlich: „Fangt nun an im Geist zu singen." Das bedeutete in Zungen zu singen. Die Menschen sangen in Zungen und die Schechina-Herrlichkeit fing an sich zu erheben. Sie wurde immer dicker, bis die Wolke den ganzen Raum erfüllte und die Flammen die Nacht hell erleuchteten, wodurch die erstaunlichsten Wunder in der Lagerhalle freigesetzt wurden.

Am Ende meiner Rede fragte ich Dana: „Gibt es hier irgendjemanden, der etwas vom Herrn bekommen hat?"

Ein junger Mann, etwa 20 Jahre alt, sprang auf seine Füße und sagte: „Hat jemand von euch, dem, was Tommy gerade gesagt hat, wirklich zugehört? Wenn sie anfingen, im Geist zu singen, dann passierten die größten Wunder!"

„Das ist korrekt", sagte ich. „Steht alle auf und fangt an im Geist zu singen!" Ich schaute den jungen Mann an und sagte zu ihm: „Gehorche Gott! Höre darauf, was Gott dir sagen möchte!

Alle fingen an im Geist zu singen. Schließlich stand er auf und ging zu einem kleinen Mädchen hin, das in der ersten Reihe saß und krank war. Er betete für sie und sie wurde sofort geheilt. Sie beide waren begeistert. Ich mag es, wie Menschen sich an Gott freuen, wenn sie ihm gehorchen. Gott möchte uns alle gebrauchen!

Die nächste Geschichte fand in einer Assemblies-of-God-Gemeinde in Augusta in Kansas statt, wo Jim und Tammy Bakker aufgewachsen sind. In der ersten Reihe, direkt vor mir, saßen 32 junge Leute und Teenager, als ich sprach.

Während ich predigte, fiel mir ein junger Mann auf, bei dem sich ein Auge nicht bewegte. Als ich meine Predigt beendet hatte, rief ich ihn nach vorne und befragte ihn zu seinem rechten Auge. „Ja, Bruder Tommy, ich habe ein krankes Auge."

„Nun gut, möchtest du, dass es geheilt wird?"

Er antwortete: „Ja!" Ich betete für ihn, und er wurde geheilt.

Ich sagte: „Du hast deine Heilung frei empfangen? Nun gib sie frei weiter."

Er fragte: „Was meinst du genau?"

Ich erwiderte: „Du wirst jetzt alle diese jungen Menschen hier heilen. Nicht ich. Du."

Der junge Mann schaute ganz verdutzt. Ich sagte: „Hast du nicht gehört, wie ich für die Weitergabe der Salbung gebetet habe? Du hast jetzt die Salbung. Heile sie!"

Er schaute zu seinem Pastor hinüber und der Pastor sagte: „Ja, tu's!"

Der junge Mann schaute mich an und fragte: „Und was wirst du jetzt tun?"

Ich sagte: „Ich gehe jetzt nach hinten in den Raum, setze mich dort an den Tisch und trinke einen Kaffee, während ich dir zusehe, wie du sie heilst. Fange nun einfach an!"

Einige Monate später war ich auf einer Gebetskonferenz mit Billye Brim in Branson, als eines der Mitglieder der Gemeinde in Augusta zu mir kam und sagte: „Bruder Tommy?"

Ich antwortete: „Yeah, hallo?"

Sie sagte: „Bruder Tommy, die 32 jungen Leute wurden in unserer Gemeinde durch diesen jungen Mann von Gott geheilt. Und jetzt sind es schon fast 100."

Diese Art Zeugnis begeistert mich. Es geht nicht darum, wie viele durch mich geheilt werden, sondern dass ich etwas hinterlasse, etwas, das bleibt, nachdem ich gegangen bin. Diese Gemeinde erlebt nun eine Erweckung.

Mein erstes großes und aufsehenerregendes Wunder, neben dem, dass Bruder Silver von den Toten auferweckt wurde, erlebte ich 2008 in Troy in New York. Ich stand in einer Kassenschlange eines Ladens, als ich mitbekam, wie sich zwei Damen über meine bevorstehende Veranstaltung unterhielten. Ein Mann, Mitte dreißig stand zusammen mit seiner Frau und seinem Sohn ebenfalls in der Schlange. Auch sie belauschten die beiden Damen und fragten, ob sie auch zu dem Treffen kommen könnten. Die Frau sagte: „Ja, natürlich!" und beschreib ihnen den Weg. Sie kamen.

Der Mann kam nach vorne und wollte Gebet. Er wollte für nichts anderes Gebet als für seine Frau, die arbeiten wollte, um etwas Geld zu verdienen. Sie wünschte sich ihr eigenes Geschäft an dem Ort ihrer Wahl, wo sie sich ihre Zeit frei einteilen konnte. Also kaufte er ihr einen Eiswagen. Das einzige Problem war, dass das Wetter mit dem Verkauf der Eiscreme nicht kooperierte. Es war eben in Troy in New York.

Ich schaute den Mann an und sagte: „Sind Sie sich dessen bewusst, dass Ihre Nase extrem schief ist?" Seine Nase lag fast schon auf seiner Wange.

„Ja", sagte er. „Als ich fünf Jahre alt war, hatte ich einen sehr schlimmen Fahrradunfall und meine Eltern weigerten sich meine Nase wieder richten zu lassen."

Hier war er also, gut dreißig später und mit dieser Nase.

„Können Sie durch sie atmen?"

Er sagte: „Nein, kann ich nicht. Wie Ihnen sicher aufgefallen ist, ist mein Mund ständig offen."

Ich sagte: „Okay, lassen Sie uns für den Eiswagen Ihrer Frau beten. So schloss ich meine Augen, betete und hörte dabei etwas von Gott. Ich sagte: „Morgen früh wird Ihr Platz voll mit Kindern sein, die alle an Ihrer Tür klopfen werden, um das Eis Ihrer Frau zu kaufen."

Ich öffnete meine Augen und sah ihn an. „Können Sie mal runter schauen und nachsehen, ob Ihre Nase vollkommen gerade ist?" Er schaute runter. „Versuchen Sie mal, ob Sie durch sie atmen können." Er nahm einen Atemzug. Er flippte aus, da er perfekt atmen konnte. Und der Rest der Gemeinde tat es ihm nach. Ich hatte kein Gebet für seine Nase gesprochen. Es passierte irgendwann während des Gebets für seine Frau. Natürlich hatten wir hinterher kein Problem damit, Wunder zu erleben. Die Menschen fingen einfach an zu glauben.

Am nächsten Morgen erzählte er mir, seine Frau habe die komplette Menge an Eiscreme, die sich im Wagen befand, verkauft. Und hier kommt das Beste: Sie muss ihn nun noch nicht einmal während des Winters schließen. Sie verkauft während der Winterzeit alle Arten von Eiscreme und verdient dabei mehr Geld als er. Wie findest du das? Mehr, Herr!

Nun die Ostküste hinunter, nach Florida. Ich wurde von Pastorin Valeriana Feliciano von *Into the Nations* und *God's House Ministries* eingeladen, auf einem sehr wichtigen Leitertreffen in Jacksonville zu sprechen. Das erste Mal war ich im Herbst 2009 dort und dann noch einmal im März 2012.

Valeriana berichtete, dass ihr der Geist Gottes 2008 mitgeteilt habe, es werde in der Zukunft „eine neue Azusa" geben. Da sie pfingstlich aufgewachsen ist, kannte sie die Azusa Street, hatte jedoch von der 100-Jahr-Prophetie noch nichts gehört ... bis wir im Frühling 2009 telefonierten, nachdem sie in Sid Roths Show *It's Supernatural* über mein Interview gestolpert war,

Der Herr sagte ihr, sie solle beginnen, mein erstes Buch über ihren Dienst zu verkaufen, um den Samen der Erweckung in die Herzen der Menschen zu pflanzen. Als sie anfing, vom Pult aus über die Geschichten der Azusa zu sprechen, sahen und fühlten einige die Manifestation einer dünnen nebligen Substanz – die Schechina-Herrlichkeit –, welche den Raum erfüllte. Daraufhin rief mich Valeriana an und lud mich zum ersten Mal ein, auf einer bevorstehenden Konferenz zu sprechen.

Die „Call to Arms"-Konferenz im September 2009 war auf die Leute im fünffältigen Dienst aus der Gegend um Jacksonville ausgerichtet. Als ich die Geschichten von Azusa erzählte, löste dies ein großes Wirken Gottes aus. Die Menschen erlebten prophetische Worte sowie Worte der Erkenntnis für Heilung, und viele hatten göttliche Visionen. Rücken wurden geheilt, und es gab eine große Wiederherstellung der ausgebrannten Heiligen und Gebetskämpfer. Leiter wurden erneuert.

Im März 2012 bat mich Valeriana noch einmal darum zu kommen, um am letzten Tag einer anderen Konferenz zu sprechen. Mitten in meiner Rede hatte sie eine ihrer gewaltigsten Begegnungen mit Gott bislang – definitiv ihre „öffentlichste" unter Zeugen.

Hier nun ihr Erlebnis: „Während ich Tommy zuhörte, wurden meine Augen ganz schwer und es war fast so, als würde jemand sie mit einem Superkleber verschließen. Sie zuckten unkontrollierbar. Dann schoss die Gegenwart Gottes komplett durch mich hindurch und übernahm mich völlig, sodass mein physischer Körper wie gelähmt war.

Als ich anfing, von meinem Stuhl zu rutschten, legten mich die Leute um mich herum auf den Boden. Ich zitterte am ganzen Körper, als mein Geist zu ihm hochgehoben wurde. Zum ersten Mal betrat ich den Thronraum Gottes.

Die Schechina-Herrlichkeit bestand aus sehr vielen Farben und glänzte mit Goldstückchen. Sie war so dicht, dass ich den Herrn nicht sehen konnte. Aber ich wusste, dass er da war, da wir uns unterhielten. Wir lachten sogar miteinander. Mir wurde von denjenigen, die mich auf dem Boden beobachten, erzählt, dass sie Teile unserer Unterhaltung mithören konnten."

Als Valeriana an diesem Abend predigte, war sie unter der „stärksten Salbung, die ich je in meinem Leben erlebt habe." Nur um aufzustehen, musste sie sich krampfhaft am Pult festhalten. Sie sagte: „Ich dachte, ich würde explodieren, da die Salbung so kraftvoll war."

Eine ihrer Freundinnen, die an diesem Abend alles miterlebte, flog unter der Kraft Gottes durch den Raum, stieß gegen eine große Stufe, die auf die Bühne führte, und landete auf dem Boden. Den Aufprall des Falls konnte man im ganzen Raum hören. Normalerweise hätte sich diese Dame ihren Nacken oder Rücken brechen müssen, da die Krafteinwirkung so stark war. Aber das Einzige, was berührt wurde, war ihr Geist, da nicht einmal ein Kratzer an ihrem Körper zu finden war.

Valeriana gibt an, dass die Salbung zwei Wochen lang andauerte, erkennbar durch kleine Funken von Elektrizität, die sie durchdrangen und eine Leichtigkeit beim Gehen, als würde sie in der Luft gehen. Sie sagte: „Unzählige Offenbarungen flossen wie Wasser aus mir heraus. Wenn ich in dieser Zeit die Bibel las, wurden die Worte auf den Seiten buchstäblich lebendig und verschmolzen mit meinem Geist."

Pastorin Valeriana ist sich sicher, dass sie einiges von diesem tiefen Verständnis des Wortes Gottes und Offenbarungswissen bis zum heutigen Tag bewahren konnte.

Ebenso berührte die Hand Gottes noch weitere Menschen, während ich auf dieser Konferenz sprach. Ein 14-jähriger Junge wurde errettet und ruhte dann im Geist, wobei Gott ihn in den Dienst berief. Valerianas Bruder, Pastor Gerry Brown, hatte eine außerkörperliche Erfahrung, in welcher sein Geist direkt unter der Decke schwebte.

Pastorin Valeriana sah noch eine weitere Manifestation der Schechina-Herrlichkeit, die jedoch nicht jeder beobachten konnte. Und dieses Mal war der Nebel noch dichter, „als hätte jemand den Toast verbrannt." Tatsächlich wurden Passanten, die am Gebäude vorbeigingen, auf ungewöhnliche Art und Weise angezogen und schauten durch die Fenster herein.

Ist es möglich, dass die Herrlichkeit wie ein „Nebel" das Gebäude umhüllte, wie es in der Azusa Street war und heute in China ist? Wir haben es nie herausgefunden, aber ich denke, dass es so war.

Kannst du dich noch daran erinnern, wie Gott mich gebrauchte, um Bruder Silver 1963 in Pisgah von den Toten aufzuerwecken? 1998 geschah folgendes Wunder bei der „Wade Street Mission" in El Reno in Oklahoma.

Bruder Duty, der Pastor, hatte mich als Gastsprecher eingeladen. Während der Anbetungslieder blickte ich auf eine Dame in der Reihe mir gegenüber. Ich war mir sicher, dass sie nicht mehr atmete. Dann stand ich auf und predigte und schaute mehrere Male zu ihr hin. Als ich fertig war, wollte Bruder Duty die Veranstaltung beschließen. Ich dachte mir: „Gott, wann wird jemand mitbekommen, dass diese arme Frau *tot* ist?"

Plötzlich ließ mich ein markerschütternder Schrei fast von meinem Stuhl hochspringen. „Mutter ist tot! Mutter ist tot! Sie ist nicht…" Die Töchter der Frau und ihre Enkelkinder fingen an, laut schreiend und wie verrückt durch die Kirche zu rennen.

Bruder Duty schaute mich an. „Glaubst du an Totenauferweckung?"

Ich sagte: „Klar, aber wie kann ich in all dem Chaos hier irgendetwas tun?"

Er sagte: „Oh, ich werde mich darum kümmern."

Er ließ die Kirche räumen bis auf ihn und mich. Vorne an der Kirche hatten sie ein großes Fenster. Alle standen nun draußen und schauten zu.

Ich sagte: „Wir richten sie auf. Du hältst sie."

Er sagte: „Gut, aber nicht zu lange. Sie ist nicht gerade leicht." Ich gab ihr mit meinen Händen einen Klaps und befahl ihr, von den Toten zurückzukommen.

Sie zuckte, öffnete ihre Augen, schaute mich an und wurde ärgerlich. Sie fing an wieder bewusstlos zu werden. Ich sagte: „Nein, nein, nein!" In meinen Gedanken betete ich: „Gott, gib mir etwas." Er tat es.

Ich sagte: „Hören Sie mir zu, hören Sie mir zu! Sie haben einen Sohn, der noch nicht errettet ist." Sie kam zu sich und stand auf.

„Yeah!"

Ich sagte: „Er denkt darüber nach, sich umzubringen, und die einzige Person, die ihn davon abhalten kann, sind Sie. Sie dürfen nicht sterben, bis er errettet ist und in den Dienst hineinkommt. Verstehen Sie mich?"

„Ja. Ja, ich verstehe Sie!"

Sie war die erste Person, über die ich mich aufregte, als ich versuchte, in den Himmel zurückzukehren. „Sie sind ein Prophet", sagte sie.

Ich sagte: „Nein, nein, nein. Ich habe lediglich die Gabe der Prophetie."

„Mir ist es egal, was Sie bekommen haben. Sie sind ein Prophet."

Weil sie gehen wollte, nahm sie ihre Handtasche und schaute mich an. „Bruder Tommy, ich habe einen sehr guten Eintopf gekocht. Gehen wir essen."

Ich sagte: „Okay". Sie watschelte davon. Es schien, als wäre sie mit Appetit aus dem Himmel zurückgekommen.

Ich komme nun noch einmal auf Pisgah zurück. Ich werde an ein Wunder erinnert, das sich erst vor Kurzem zugetragen hat und an dem Bruder Smiths Schwiegertochter Ramona beteiligt war. Bruder Smiths Sohn Jimmy heiratete Ramona, seine Liebe aus der Highschool. Ramona hatte einen Verkehrsunfall, wodurch sie ein Kopftrauma erlitt und ihr Gedächtnis verlor.

Ich schickte Jimmy ein Exemplar meines ersten Buches, und Ramona fing an, es zu lesen. Eines Tages erhielt ich einen Anruf von ihr. Sie war beunruhigt. Ich sagte: „Ramona, beruhige dich. Was ist los?

Sie sagte: „Tommy, ich habe dein Buch gelesen. Ich kam noch nicht einmal bis zur Geschichte von Schwester Carney, als mein Gedächtnis zurückkam. Nun kann ich mich an alles erinnern!" Ich freute mich über dieses Wunder.

Eines Tages erhielt ich einen anderen Anruf und hörte davon, wie Gott mein Buch auf eine sehr physische Weise benutzte. Dieses Mal kam der Anruf von einem schwarzen, bereits in Rente gegangenen Prediger, der über 40 Jahre lang eine Gemeinde in Virginia betreut hatte. Dieser Prediger wollte ein neues Buch bestellen, da sein altes komplett verschlissen war.

„Du hast es abgenutzt?"

Er antwortete: „Ja, weil ich es mit ins Bett genommen habe."

Ich sagte: „Wie bitte?"

Er sagte: „Ich habe es ins Bett mitgenommen."

„Warum das, Bruder?", musste ich natürlich fragen.

Er sagte: „Nun ja, jedes Mal, wenn ich krank wurde, wollte ich geheilt werden. Der Geist Gottes sagte mir, dass ich das Buch mit ins Bett nehmen solle."

Ich dachte: „Wow, okay."

„Jetzt nehme ich jedes Mal, wenn ich krank werde, das Buch mit ins Bett. Am nächsten Morgen wache ich dann vollkommen geheilt wieder auf." Die bedeutendsten Heilungen bei ihm waren, dass sich seine Ohren wieder öffneten, sein Gehör komplett wiederhergestellt wurde und die Krämpfe in seinen Beinen geheilt wurden. Nun schläft er sogar wegen einer Erkältung mit dem Buch. Ich glaube, es geht im Wesentlichen nur darum, Gott zu gehorchen, egal wie eigenartig es klingt – wie Seymour und die Schuhschachtel.

Eine meiner Lieblingsgeschichten über die Freisetzung von Wundern fand während eines Radiointerviews in der Gegend von Houston in Texas statt. Der Bruder, der mich um ein Interview bat, hatte eine Sendung bei einem der Programme eines örtlichen Radiosenders. Er bat mich darum, einige meiner Geschichten zu erzählen, allerdings hatten wir lediglich 15 Minuten. Auf Sendung stellte er mich vor und überließ mir dann das Mikrofon.

An das, was danach geschah, kann ich mich nicht erinnern. Sie erzählten mir, dass ich anfing, einige Geschichten zu erzählen und mich so richtig ins Zeug gelegt hätte. Ich war unter die Salbung gekommen. Nun, das Radio besaß sechs Programme. Der Besitzer des Senders kam vorbei, um nach mir zu schauen, drehte sich um und ging in den Regieraum. Er stoppte die Sendungen auf den anderen fünf Programmen und übertrug mich auf allen sechs. Als ich fertig war, weiß ich noch, wie ich sagte: „Okay. Jetzt bin ich fertig."

Beim Sender gingen bald viele Anrufe ein. Jeder Anruf war ein Zeugnis von einer Heilung, die geschehen war, während ich übertragen wurde.

Eine Dame war in der Dusche. Sie hatte eine verkrüppelnde Krankheit, die ihre Beine angriff, und musste sich stützen, um unter dem Wasser stehen zu können. Das Radio war voll aufgedreht, da sie dem Programm gerne zuhörte. Ganz plötzlich, als ich anfing zu sprechen, kam das Gefühl in ihre Beine zurück. Gott heilte sie unter der Dusche.

Eine andere Dame lag im Bett, da sie durch Krebs gelähmt war. Um aus dem Bett herauszukommen, brauchte sie eine weitere Person, die ihr dabei half. Als sie der Sendung zuhörte, spürte sie auf einmal ein kribbelndes Gefühl in der Wirbelsäule. Sie sagte, sie habe dort gelegen und habe geschrien: „Gott, was passiert da?"

Dann hatte sie einfach die Bettdecke zur Seite geworfen und war geheilt aus ihrem Bett aufgestanden. Doch anstatt jemanden um Hilfe zu bitten, rief sie die Radiostation an, um ihr Zeugnis zu geben!

Der Besitzer des Radiosenders wurde, während ich die Geschichten erzählte, von einem gesundheitlichen Problem geheilt, indem er mich einfach nur anschaute. Dies war der Grund dafür gewesen, dass er das reguläre Programm abgeschaltet hatte, um mich auf allen sechs Sendern zu übertragen. Er sagte, er habe die Salbung erkannt.

Später erzählte er mir, ich sei die erste weiße Person, die jemals gekommen sei, um in seinem Radio zu sprechen. Ich sah ihn an, sein Name war Willi, und sagte: „Bist du sicher? Im Ernst?"

Er sagte: „Ja. Die Schwarzen in Houston haben mehr Vorurteile als die Weißen. Die meisten von ihnen haben ein Problem." Willi sagte: „Und ich habe ein Problem mit ihnen, da ich Gemeinschaft mit allen pflege und ihnen das nicht gefällt."

Im Anschluss an die Radiosendung kamen in den Gemeinden, in denen ich sprach, Schwarze zu mir und sagten: „Bruder Tommy, durch dich ist ein Durchbruch in der schwarzen Gesellschaft geschehen, da sie das Gefühl haben, dass du keinerlei Vorurteile in deinem Herzen hast."

Ich sagte: „Die habe ich nicht. Aber abgesehen davon, kann ich nichts dafür, dass sich meine Farbe nicht zeigt."

Eine Frau fragte mich: „Was meinst du damit?"

Sie arbeitete für Trinity Broadcast (dem Dreieinigkeitssender) in Houston.

Ich sagte: „Ich bin zu 1/32 Neger."

Sie sagte: „Nein!"

Ich sagte: „Okay ... Ich bin zu 1/32 schwarz."

Sie lachte und sagte: „Stimmt das?"

Ich sagte: „Ja, das stimmt, aber das ist doch egal!"

Laut rufend sagte sie daraufhin: „Das ist gut. Das ist doch egal!" Seymour wäre stolz gewesen.

Ich weiß noch, wie mir die Azusa-Heiligen von einem Mann erzählten, der aus North Carolina zur Azusa kam und extreme Vorurteile besaß. Zu Beginn empfing er wegen seines Vorurteils keinerlei Heilung oder Salbung. Er wollte nicht, dass ihm irgendeine schwarze Person die Hände auflegte.

Er ging zurück zu seinem Hotel, und Gott stattete ihm einen Besuch ab. Er erteilte ihm eine Lektion und wies ihn zurecht. Am nächsten Tag war er von seiner vorurteilsbehafteten Einstellung befreit. Seymour legte ihm die Hände auf und er empfing die Taufe. Er nahm diese mit zurück nach North Carolina, an einen Ort, der als „Azusa Ost" bekannt wurde. Dort erlebte er eine gewaltige Erweckung und die Schechina-Herrlichkeit war genauso präsent wie in „Azusa West".

Gott toleriert die falschen Herzenseinstellungen nicht. Dies erinnert mich an eine weitere Geschichte, welche die Heiligen mit mir teilten – dieses Mal über Frank Bartleman.

Frank Bartleman lebte zwei Blocks von der Azusa Street entfernt. Seine Frau hatte gerade ihren Sohn Jonny bekommen, der später in Pisgah mein Freund und Kollege wurde. Da die Gemeinden zu jener Zeit noch keine Kinderbetreuung hatten, blieb Mrs. Bartleman zu Hause. Bevor Frank an diesem Tag losging, um am Gottesdienst in der Azusa Street teilzunehmen, hatten er und seine Frau einen Streit.

Frank war noch einige Schritte von der Tür der Azusa entfernt, als er in etwas Unsichtbares hineinlief, abprallte und hinfiel. Ganz verwirrt stand er wieder auf, schaute sich um und wollte auf dem Gehweg weitergehen. Noch einmal prallte er an dieser transparenten Barriere ab. „Gott, was passiert da?", dachte er sich. Nun versuchte er es ein drittes Mal, diesmal rennend und verletzte sich dabei. „Gott, was ist los?"

„Du warst nicht sehr nett zu deiner Frau", hörte er Gott sagen. „Du willst dort hineingehen, wo Gott wirkt. Du musst zuerst nach Hause gehen und die Dinge mit deiner Frau in Ordnung bringen. Du hattest Unrecht."

Gott redete ihm auf seinem Weg nach Hause weiter ins Gewissen. Als er dort ankam, ging er vor seiner Frau auf die Knie. Er sagte ihr, er sei derjenige, der im Unrecht war, und bat sie um Verzeihung.

Sie vergab ihm, er stand wieder auf und ging die zwei Häuserblocks zurück zu Azusa. Dieses Mal ging er ohne jegliche Störung durch die Türen. Sein Herz war mit Gott im Reinen.

„Ich bin ohne Kleidung gewesen, und ihr habt mich bekleidet; ich bin krank gewesen, und ihr habt mich besucht; ich bin gefangen gewesen, und ihr seid zu mir gekommen." Dieser Vers aus Matthäus 25,36 ruft uns in die Gefängnisse. Seit einigen Jahren habe ich einen Gefängnisdienst. Meine nächste Geschichte findet in Stringtown in Oklahoma hinter Gittern statt.

Schwester Mary, eine ältere Dame, organisierte für mich, dass ich in das Gefängnis von Stringtown hineinkam. Sie sagte mir, ich könne sowohl im unteren als auch im oberen Bereich des Gefängnisses sprechen.

Im unteren Bereich brachten sie Gefangene zu mir, die kurz vor ihrer Entlassung standen. Im oberen Bereich durften die Schwerverbrecher (Vergewaltiger und Mörder) aus ihren Zellen kommen. Einige von ihnen kannte ich bereits aus dem Gefängnis in Helena. Sie hatten Ausgangssperre. Die einzige Möglichkeit aus ihren Zellen zu kommen, war, in den Gottesdienst zu gehen. Es ist also unnötig zu erwähnen, dass alle, die sich in diesem Sperrbereich befanden, in den Gottesdienst kamen. Es war kein Problem, sie dorthin zu bekommen. Der Raum war voll.

Ich stand auf und erzählte meine Geschichten. Als ich fertig war, kamen vier Gefangene zu mir. Der erste war ein kleiner mexikanischer Bruder. Ich nenne ihn Bruder, da er errettet wurde.

Er schaute mich an und sagte: „Es gibt etwas, wofür ich gerne Heilung empfangen würde, aber noch mehr als das hätte ich gerne dieses Zungending."

Ich sagte: „Ah, du möchtest den Heiligen Geist."

So legte ich ihm die Hände auf und betete für ihn. Er begann, rückwärtszugehen und in Zungen zu reden. Der Gefangene hinter ihm fing ihn auf, legte ihn hin, sprang begeistert auf und sagte: „Okay, ich möchte dieses Ding."

Ich sagte: „Du möchtest das, was er bekommen hat?"

Er sagte: „Yeah. Ich möchte dieses Zungending."

Ich sagte: „Okay."

Auch er ging zu Boden und fing an in Zungen zu sprechen.

Bevor ich mich versah, standen alle auf und stellten sich in eine Reihe. Was auch immer die anderen beiden empfangen hatten, sie wollten es auch. Sogar „der Boss", der über Leben und Tod entschied, wollte all das, was die anderen empfingen. Der Boss war schon errettet, wollte aber auch dieses Zungending haben.

So betete ich für sie alle und sie erlebten eine große Erweckung. Schwester Mary jauchzte und tanzte vor Freude.

Die Erweckung breitete sich in den Gefängnissen aus – in Boley, Clinton, Helena, Fort Supply, Langston. Die Gefangenen im Gefängnis in Boley hatten einen erstaunlichen Glauben, um ihre Heilung zu empfangen. Und überall, wo ich hinkam, waren die Kapellen brechend voll.

In Helena gab es einen Gefangenen, der 1,95 m groß war und den Chor dort leitete. Mann o Mann, dieser Typ konnte leiten! Er besaß eine Salbung, um das Singen zu leiten. Das erste Mal, als ich ihn traf, sagte er: „Tommy, ich werde Gouverneur Keating treffen."

Ich sagte: „Ja?"

Er sagte: „Ich möchte, dass er meine Haftstrafe reduziert."

„Okay. Lass uns beten." Und so beteten wir.

Als ich im nächsten Monat zurückkam, fragte ich: „Wie ist es mit Keating gelaufen?"

Er sagte: „Nun, ich bekam 1000 Jahre gestrichen."

Ich sah ihn verdutzt an und sagte: „Du hast was bekommen?"

„Mir wurden 1000 Jahre gestrichen."

„Wie viele Jahre hattest du, Bruder?"

„4000 Jahre."

„Wen hast du umgebracht?"

„Niemand. Es hat alles mit Drogen zu tun."

„Okay, 1000 Jahre. Das ist ein Anfang. Das sind immerhin 25 % weniger."

Als ich im darauffolgenden Monat nach Helena kam, fragte ich: „Wo ist Bruder Soundso?"

„Oh, er ist im Wiedereingliederungsprogramm in Tulsa."

Ich sagte: „Im Ernst?" Als ich einen Monat später kam, fragte ich: „Wie geht es Bruder Soundso in Tulsa?" „Sie haben ihn entlassen!", war die Antwort. Jetzt ist er bei einer großen Gemeinde in Tulsa, die von Schwarzen geleitet wird, und leitet dort den Chor. Preist den Herrn! 4000 Jahre Haftstrafe wurden aufgehoben!

Ein anderer Gefangener wurde vom *Rhema Bible College* angenommen. Jetzt ist er Evangelist und predigt überall. Ein weiterer Gefangener war wegen krummer Geschäfte in Schwierigkeiten gekommen. Aber er wurde entlassen, und Gott sagte ihm, er solle ein Gebrauchtwagengeschäft anfangen. Inzwischen besitzt er drei Autohäuser in San Antonio und ist wohlhabend.

Die erste spanische Übersetzung meines ersten Buches gab ich einem mexikanischen Bruder, der ein Gefangener war. Ich nannte ihn „Bruder Who", da sein ganzer Kopf, bis auf einen Haarzopf auf der Rückseite, rasiert war. Jetzt predigt er in Tulsa. Vom Häftling zum Prediger. Das begeistert mich.

Bevor ich meine absolute Lieblingsgeschichte erzähle, werde ich noch eine andere Geschichte mitteilen. Es geht dabei nicht um ein Wunder, aber sie wärmt das Herz.

Etwa vier Meilen nördlich der Niagarafälle gibt es eine Schule. Dort treffen sich mehrere Male im Jahr alle Schüler, vom Kindergarten bis zur Oberstufe, in der Turnhalle und sitzen mit ein paar Schokoladenkeksen und einem Glas Milch auf dem Fußboden (wie ihr schon wisst, mag ich die auch besonders). Der Schulleiter sitzt vor ihnen und liest ihnen aus meinem Buch vor. Seit fast vier Jahren haben sie nun diese Tradition. Zum Schuljahresende hin sind sie mit dem Buch ganz durch. Diese Tradition berührt und ehrt mich. Ich hoffe, dass ich sie eines Tages besuchen kann.

Meine Lieblingsgeschichte findet auf genau der anderen Seite des Kontinents statt, an der Westküste, in Banning in Kalifornien. Diese spezielle Gemeinde war bis zum Rand mit verschiedenen Jugendgruppen aus fünf Gemeinden gefüllt. Dies war das erste Mal, dass ich als „die letzte lebende Verbindung zur Azusa Street" vorgestellt wurde. Durch diesen Titel fühlte ich mich ganz schön geschichtsträchtig.

Ich stand auf und erzählte, und als ich meine Geschichten beendet hatte, sagte ich: „Wenn nun einer von euch jungen Menschen einen Auftrag von Gott bekommen hat, um etwas zu tun, dann gehorcht ihm." Daraufhin kam ein 13-jähriges Mädchen mit langen dunklen Haaren den Gang heruntergelaufen.

Das Bein ihres Pastors war wegen eines Sportunfalls eingegipst. Sie ging zu ihm hin und legte ihm die Hände auf. Sie betete für ihn, und danach stand er auf und fing an durch die Kirche zu tanzen. Danach wurden an diesem Abend noch viele Menschen geheilt.

Am Ende des Abends sagte ich: „Kann mir einer dieses kleine Mädchen bringen, das die Hände auf seinen Pastor gelegt hat? Bringt sie zu mir!"

Sie fanden sie und brachten sie nach vorne.

Ich sagte: „Schätzchen, wie alt bist du?"

„13."

Ich fragte: „Ich möchte, dass du mir gut zuhörst. Weißt du, dass du zu jeder Zeit und an allen Orten für Heilung beten kannst?"

„Zu jederzeit und überall?"

Ich erwiderte: „Ja." Sie nahm sich diesen Rat zu Herzen.

Im Footballteam war sie das, was man das „Handtuchmädchen" nennen könnte, also diejenige, die hin und her läuft, um den Spielern Handtücher auszuhändigen. In dem Spiel, das nach meiner Veranstaltung stattfand, erlitt der Quarterback eine ziemlich schlimme Verletzung. Jammernd lag er auf dem Spielfeld.

Sie ging zu ihm und sagte: „Ich glaube daran, dass du geheilt wirst, wenn ich meine Hände auf dich lege und für dich bete. Möchtest du, dass ich meine Hände auf dich lege, um für dich zu beten?"

Er stöhnte: „Yeah."

Sie legte ihm ihre Hände auf und betete, und er wurde geheilt. Er kehrte ins Spiel zurück. Auch noch ein weiterer Spieler wurde an diesem Abend verletzt. Sie ging zu ihm hin, und auch er wurde geheilt.

Nach ein paar Spielen riefen sie der Arzt und der Coach jedes Mal, wenn sich jemand verletzt hatte, herbei. „Komm. Komm her", sagten sie dann und baten sie, für die Spieler zu beten. Sogar die Krankenschwester der Schule rief sie herbei, um für jemanden im Krankenzimmer zu beten.

Die Schule versuchte sie zu stoppen. Ihr wurde gesagt, sie dürfe nicht für die Leute beten, da es sich um eine öffentliche Schule handele. Sie antwortete: „Na gut. Ich bin so froh, dass ihr versucht, mich zu stoppen. Mein Vater sagte bereits, dass dies geschehen würde, und hat daher vor, dies vor das Oberste Gericht zu bringen."

Sie sagte: „Habt ihr schon von Jay Sekulow gehört? Jedes Mal, wenn er einen Fall dieser Art vor das Oberste Gericht bringt, gewinnt er." Sie sagte: „Ich gehe nie einfach zu jemanden hin und lege ihm die Hände auf. Ich frage die Leute, ob sie möchten, dass ich für sie bete. Sie alle sagen ja. Ich zwinge also niemanden. Ich habe das Recht, ein verfassungsmäßiges Recht, auf meine Überzeugung und meinen Glauben, und ihr habt kein Recht dazu, mir zu sagen, ich hätte das nicht. Daher danke ich euch. Mein Vater wird das sehr zu schätzen wissen."

Diese kleine Mittelschule hat daraufhin das Ganze noch einmal überdacht und die Anklage zurückgenommen. Es handelte sich um eine öffentliche Schule, doch wurden fast alle Schüler dort wegen dieses kleinen Mädchens Christen.

Inzwischen hat sie schon fast die Highschool absolviert und erlebt immer noch die gleichen Resultate. Sie betet für die Menschen und sie werden geheilt. In diesen Schulen erleben sie eine Erweckung, und das nur wegen einem kleinen Mädchen, dem gesagt wurde, dass es zu jederzeit und überall für Heilung beten könne.

Dies ist *bis heute* meine Lieblingsgeschichte. Ich kann kaum erwarten, von neuen Wundern zu hören, die geschehen, wenn Menschen dieses Buch lesen. Michelle und ich würden uns sehr darüber freuen, wenn du uns deine Zeugnisse mitteilst. Bitte kontaktiere uns und lass uns wissen, wie Gott in deinem Leben wirkt.

Homepage des Autors: **tommywelchelministries.com**

NACHWORT VON MICHELLE P. GRIFFITH

Azusa Street – eine Inspiration, kein Ort!

"Er hat ein Gedenken seiner Wunder gestiftet; gnädig und barmherzig ist der Herr" (Psalm 111,4a SLT).

Wir können die „Azusa Street" als einen unvorstellbaren Ausdruck des Herzens Gottes gegenüber seinem Volk betrachten. Kein Einziger, der zur Azusa Street Nr. 312 kam, verließ diese, ohne von seiner außergewöhnlichen Liebe berührt worden zu sein. Alle, die dorthin kamen, wurden im Herzen, in den Gedanken und im Körper geheilt. Dieser kleine Fleck auf der Erde war im Einklang mit dem Himmel.

Dort war niemand zu jung oder zu alt. Alle waren sie Kinder, die sich an ihrem Abba-Vater erfreuten. Es war eine himmlische Party, eine wunderschöne Kollision zwischen Himmel und Erde. Um es mit Bill Johnson zu sagen: Azusa ist ein erstklassiges Beispiel dafür, wie der Himmel in die Erde eindringt.

Die Azusa-Street-Erweckung endete im frühen 20. Jahrhundert. Trotzdem ist unser Gott immer noch derselbe, gestern, heute und in Ewigkeit (Hebräer 13,8). Aus diesem Grund und in dieser Hoffnung sollten wir nicht in der Vergangenheit verharren und diese Ausgießung wehmütig als etwas sehen, das nur der Vergangenheit angehört, so wie Bruder Brown es tat, dessen Herz gebrochen war.

Wir sollten ein Leben voller Erwartung führen, dass Gott uns auch in dieser Zeit in seine Segnungen eintauchen wird. Mir gefällt, wie Tommy es umschreibt: „Wir können nicht von dem leben, was in der Azusa Street geschehen ist. Aber wir können uns an das erinnern, was dort passierte, und wissen, dass das Gleiche auch uns zur Verfügung steht." Azusa ist eine Inspiration, kein längst vergangener Ort.

Betrachtet man die 100-Jahre-Prophetie, wird Gottes Wirken noch großartiger werden als jemals zuvor. Seine Herrlichkeit wird dieses Mal global zu erleben sein! Überall! Für jeden!

Mit jedem Tastenschlag, mit dem ich dieses Buch geschrieben habe, ist mein geistlicher Appetit, ein Teil dieser Bewegung Gottes zu sein, die bereits in Teilen begonnen hat, auf ein Unersättliches gewachsen. Bis jetzt war ich an zwei wunderbaren Heilungen beteiligt. Dann denke ich an die Azusa-Heiligen, die so viele und noch mehr an nur einem Tag, und das mehr als drei Jahre lang, erlebt haben! Um ehrlich zu sein, manchmal war ich eifersüchtig auf die Heiligen und alle anderen, welche die Azusa Street erlebt hatten.

Ich sehne mich nach der Fülle dieser himmlischen Invasion in meiner eigenen Welt, da ich mich manchmal immer noch kraftlos fühle, wenn ich Krankheit und Tod, Mangel und Streit überall um mich herum sehe. Mehrere Monate war ich nun durch das tägliche Aufschreiben der Geschichten in das Übernatürliche vertieft, während das Leben außerhalb immer noch hinter dieser Herrlichkeit zurückbleibt.

Ich schließe mich der Meinung anderer an, die glauben, dass es unser christliches Erbe ist, das Übernatürliche ganz natürlich zu erleben. Ich habe eine gesunde Unzufriedenheit mit einem Leben entwickelt, das weniger als das ist. Ich möchte, dass meine Kinder mit allem, was weniger ist, unzufrieden sind.

„Was kann ich tun, Herr? Was können wir tun?"

Wie bei Azusa ist es immer noch unsere Aufgabe, es „herabzubeten", also die himmlischen Schalen aus Offenbarung 5,8 bis zum Umkippen zu füllen, bis es wieder auf uns regnet, dieses Mal mit noch größerer Herrlichkeit und frischem, fallendem Feuer, das die Worte der Heiligen Schrift einmal mehr unter Beweis stellt: *„Bei Gott ist nichts ist unmöglich!"* (Lk 1,37). Kein fehlender Körperteil, kein Körper, der durch Krebs zerstört wird. Kein Wesen, das dem Tod erliegt. Und noch nicht einmal ein leeres Bankkonto.

Nachwort

Diese Leidenschaft wird durch unser zuversichtliches Ruhen in Gott ergänzt, indem wir seinen Verheißungen und ihm selbst vertrauen. Er war, ist und wird immer *treu* sein, sein Wort zu halten.

Dieses Mal wird die versprochene Ausgießung nicht enden, bis der HERR wiederkommt!

Die Fortsetzung dieses Buches ist erschienen!

Tommy Welchel mit Jody Keck
Der Strom aus Zion

Von Azusa über Israel zur Endzeit-Erweckung – Berichte, Erlebnisse, Visionen; 192 S., Pb.

Tommy Welchel erzählt nicht nur bisher unveröffentlichte, eindrucksvolle Azusa-Geschichten, sondern verbindet diese mit dem, wie Gott heute wirkt und was ihm Gott in Israel gezeigt hat.

2019 gab ihm Gott an verschiedenen Orten in Israel Visionen über die kommende Endzeit-Erweckung, über das Gericht über viele Kirchen und Gemeinden bis hin zur tatsächlichen Wiederkunft Jesu.

Was Gott mit der Ausgießung seines Geistes an Pfingsten und in der Azusa Street getan hat, wird er in einem noch viel größeren Maßstab in der kommenden Zeit tun.

Jetzt ist die Zeit, dass wir uns von ihm rufen und darauf vorbereiten lassen!

Tommy Welchel lässt die Zeugnisse der Azusa Street für eine neue Generation aufleben und weist dann prophetisch auf die Bedeutung der damaligen Erweckung für die endzeitliche Erweckung und ihre Erfüllung in Israel hin. Lass seine Fackel dich und deinen Glauben entzünden, insbesondere für die endzeitliche Bewegung Gottes, die die Azusa-Street-Erweckung bei Weitem überragen wird!

Lou Engle – The Call; Lou Engle Ministries

Weitere Produkte von GloryWorld-Medien

„Himmlische Bücher für die Erde"

Chris Gore, In Gottes Heilungskraft leben

Wenn Zeichen und Wunder ganz natürlich von uns ausgehen
160 S., Pb. (Zur Vertiefung ist ein Arbeitsbuch erhältlich)

In Gottes Heilungskraft zu leben und zu wirken, ist einfacher, als wir denken. Chris Gore versucht mit diesem Buch den Heilungsdienst zu „entschlüsseln" mit dem Ziel, dass jeder Christ effektiv für einen Lebensstil der Heilungen und Wunder zugerüstet und aktiviert werden kann.

Wirklich den Charakter Gottes zu kennen, Hindernisse für einen solchen Lebensstil zu überwinden und lernen, darauf zu vertrauen, dass Gott das Übernatürliche tut, sind nur einige der Themen, die angesprochen werden.

Eine wesentliche Erfahrung von Chris Gore ist dabei, dass Durchbrüche im Bereich Heilung darauf beruhen, dass wir eine innige Beziehung zu Gott pflegen und von ihm unsere Identität empfangen. Wenn wir uns darüber im Klaren sind, *wer* wir sind und *wessen* wir sind, werden wir große Fruchtbarkeit erleben.

Cal Pierce, Eine Vision für Heilungsräume

Wenn Heilung durch Gebet so normal wird wie ein Arztbesuch
120 S.; Paperback

Welche Antworten hat die christliche Gemeinde auf die zunehmenden „unheilbaren" Krankheiten? 80 Jahre, nachdem John G. Lake damit begonnen hatte, in Spokane sogenannte Heilungsräume („healing rooms") einzurichten, wurde Cal Pierce von Gott geführt, diese Räume wiederzueröffnen. Viele Tausende haben dort inzwischen eine heilende Begegnung mit Gott erlebt. Er erzählt die packende Geschichte, wie es dazu kam, und vermittelt gleichzeitig die Vision für solche Heilungsräume weltweit.

Die geistlichen Ursachen von Krankheiten

Klare Antworten auf Ihre Fragen zu Krankheitsprävention und Heilung 208 Seiten, Pb.

Gemäß den langjährigen Erfahrungen des Autors haben etwa 80 Prozent aller Krankheiten eine geistliche Ursache und sind die direkte Folge einer gestörten Beziehung zu Gott, zu uns selbst oder zu anderen. Gott offenbarte ihm aus seinem Wort, was die geistlichen Ursachen von Krankheiten und den Blockaden zur Heilung sind.

Er geht u.a. auf folgende Krankheitsarten ein: Allergien, Autoimmunerkrankungen, Herz-Kreislauf-Erkrankungen, psychische Störungen und Belastungsstörungen.

Markus Herbert, Komm höher herauf! (Band 1)

Visionen vom Berg Zion, dem Garten Eden und dem himmlischen Jerusalem; 136 Seiten, Paperback

Dieses Buch ist ein Zeugnis dafür, dass es sich lohnt, sich im Geist auf das Abenteuer einzulassen, himmlische Orte schon jetzt aufzusuchen. Sowohl der himmlische Vater als auch Jesus Christus und der Heilige Geist konnten dem Autor dort tiefe Einsichten vermitteln.

In fortschreitenden Visionen durfte der Autor nicht nur den Berg Zion, sondern auch das Paradies und das himmlische Jerusalem besuchen. Das Eindrücklichste und zugleich Herausforderndste für ihn war, dem himmlischen Vater in seinem Vaterherzen zu begegnen.

Neu: Komm höher herauf! (Band 2): *Neue Visionen vom Berg Zion, dem Garten Eden und dem himmlischen Jerusalem;* 196 Seiten, Paperback.

Ella Legan, Mache dich auf!

… und begegne dem Vaterherzen Gottes; 320 S.; Pb.

Sehnst du dich danach, mehr von Gott zu erleben und seine heilende Gegenwart zu erfahren?

„Mache dich auf!" ist die Einladung zu einer Reise ins Vaterherz Gottes. Gott sieht dich und deine Situation und will dir genau dort begegnen. Lass dich von Ella Legan auf diese 40-tägige Reise mitnehmen, die dem Weg der Israeliten aus der Knechtschaft in Ägypten zum Berg Gottes nachempfunden ist. 40 Begegnungen mit Jesus und dem Gott der Herrlichkeit warten auf dich.

Am Ende wirst du bereit sein, in dein eigenes Land der Verheißung weiterzuziehen. Mache dich auf!

Frank Krause, Ein Turm bis zum Himmel

Der Geist von Babylon, damals und heute; 176 S., Pb.

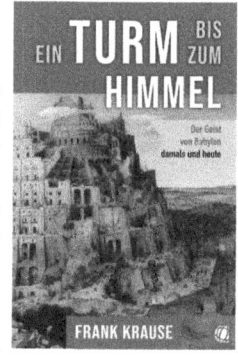

Viele Christen meinen, die apokalyptischen Ereignisse um den Untergang Babylons kämen erst noch, der Autor jedoch glaubt, dass wir uns bereits mitten darin befinden und Zeugen des kollabierenden „Turms der Anmaßung" sind.

Offenbar geschieht vieles, von dem wir annahmen, es würde sich nacheinander ereignen, in Wahrheit nebeneinander bzw. gleichzeitig.

Das Buch will sowohl die Vorstellungen darüber vertiefen, wer und was Babylon ist, als auch Orientierung geben, um in den turbulenten Wehen der Endzeit, durch die wir gehen, standzuhalten.

Zudem will es den Blick auf die hinter dem Irdischen liegenden himmlischen Ereignisse lenken, die mit der „großen Hochzeit" und der Stadt des lebendigen Gottes, dem „Neuen Jerusalem" zu tun haben. Das Ende des einen ist der Anfang des anderen.

Bill Johnson / Randy Clark, Berufen zu heilen, Bd. 1
Grundlagen und Praxis des Gebets für Kranke, 240 S., Pb.
Jeder Christ kann von Gott gebraucht werden, um anderen Heilung zukommen zu lassen. Das ist das Anliegen der beiden Autoren. Dazu berichten sie, wie Gott sie in den Heilungsdienst hineinführte, und legen anschließend klare biblische Grundlagen für das Heilungsgebet. Im umfangreichsten Teil gehen sie auf verschiedene Aspekte ein, die für eine Heilung förderlich sind, erläutern, wie seelische und körperliche Krankheiten zusammenhängen und stellen dann ein in der Praxis bewährtes Modell für das Gebet um Heilung vor, das für alle Christen leicht anwendbar ist.

Bill Johnson / Randy Clark, Berufen zu heilen, Bd. 2
Die Autoren im Gespräch über ihre Erfahrungen und Erkenntnisse aus der Praxis, 180 S., Pb.

Dieses inspirierende, informative, einzigartige und sehr ehrliche Buch enthält viele Geschichten, praktische Erfahrungen und Erkenntnisse, über die die Autoren bisher noch nicht gesprochen oder gelehrt haben. Dazu haben sich die Autoren gegenseitig interviewt. Themen sind u. a.:

Warum und wie sie in den Heilungsdienst geführt wurden | Ihre Erfolge und Misserfolge | Die Durchbruchserlebnisse, die sie vorangebracht haben | Die erstaunlichsten Wunder, die sie erlebt haben | Die wichtigsten Erfahrungen und Erkenntnisse | Bewährte Tipps für einen effektiveren Dienst.

Blake K. Healy, Unzerstörbar
Führe deine geistlichen Kämpfe aus der Perspektive des Himmels; 192 S., Pb.
Welche Fallen und Taktiken wenden Dämonen an, und wie können wir diese meiden?

Blake K. Healy kann schon seit seiner Kindheit Engel und Dämonen sehen. Dieses Buch fasst zusammen, was er in über dreißig Jahren über die Pläne des Feindes und ebenso die des Himmels gelernt hat.

Wir lernen, wie wir die Komplotte, Pläne und Lügen des Feindes aufdecken und abwehren können und gleichzeitig die Pläne des Himmel vorantreiben können.

Sein Hauptanliegen ist dabei, dass wir den geistlichen Kampf nicht aus eigener Kraft, sondern aus der Perspektive des Himmels führen, und ein Leben aufbauen, das unzerstörbar ist.

Dann können wir in unserem Umfeld – unserem Wohnviertel, unseren Schulen, Städten und Ländern – zu einem Leuchtfeuer der Herrlichkeit Gottes werden.

James Goll
Geistlich wahrnehmen und unterscheiden

Wie wir Offenbarungen empfangen, prüfen und anwenden können; 216 S.

James Goll erklärt, dass jeder Nachfolger Jesu geistliche Offenbarungen empfangen und prüfen kann, auch wenn einige als Propheten besonders begabt sind. Er legt präzise dar, wie wir unsere Sinne dem Heiligen Geist hingeben können, damit wir geistlich wahrnehmen können.

Und er erläutert, wie wir Offenbarungen prüfen, anwenden und letztlich verinnerlichen können, damit die Menschen sie nicht nur hören, sondern in uns sehen.

Für das vertiefte Studium ist ein Arbeitsbuch erhältlich.

James Goll
Die Gaben des Heiligen Geistes freisetzen

216 S., Paperback

Der Heilige Geist demonstriert heute Gottes übernatürliche Kraft durch seine Gemeinde, indem seine Herrlichkeit auf globaler Ebene freigesetzt wird. Alle Gaben Gottes sind immer noch voll funktionsfähig, und jeder einzelne Gläubige ist dazu bestimmt, im Fluss Gottes zu leben und seine Bestimmung zu erfüllen.

Anhand vieler anschaulicher Beispiele aus der Bibel und aus der Gegenwart lernen wir, wie geistliche Gaben in der Praxis funktionieren. Aber es geht in diesem Buch nicht nur darum, wie man seine geistlichen Gaben entdeckt oder empfängt, sondern wie man sie freisetzt und weitergibt!

Für das vertiefte Studium ist ein Arbeitsbuch erhältlich.

Kevin Basconi, Mit den Engeln tanzen, Band 1

Die Grundlagen: Gottes Engel erkennen, einladen und beauftragen; 240 S.; Paperback

Mit diesem Buch stellt uns Kevin Basconi eine inspirierende, glaubensstärkende und praktische Anleitung zur Verfügung, wie ganz normale Gläubige mit Engeln zusammenarbeiten und sie sogar beauftragen können, um den Willen Gottes auszuführen.

Sein Buch ist voller spannender persönlicher Berichte, in denen er uns an seinem wachsenden Verständnis über das Wirken der Engel teilhaben lässt. Er erläutert, wie unsere Fähigkeit, Gottes Willen zu tun, dramatisch zunimmt, sobald wir mit Engeln zusammenwirken.

Das Buch ist eine großartige Hilfe für die Gemeinde, um sie auf die Zeit der Ernte vorzubereiten, in der Engel eine tragende Rolle spielen werden, und sie für die bevorstehenden Heilungserweckungen zuzurüsten.

Jonathan Welton, Die Schule der Seher

Eine praktische Anleitung, wie man ins Unsichtbare hineinsehen kann; 224 S.; Pb.; Vorwort von Randy Clark

Viele Christen haben angefangen, übernatürliche Phänomene zu erleben: Träume, (offene) Visionen, Engel oder Dämonen. Aber es mangelt ihnen an solider biblischer Lehre und sie sind zu dem geworden, was man als *Seherwaisen* bezeichnet: Sie suchen verzweifelt nach jemandem, der sie trainiert, ermutigt und freisetzt.

Das Ziel von Jonathan Welton war deshalb, ein praktisches Handbuch herauszubringen, das den Leib Christi mit den Informationen ausrüstet, die notwendig sind, um in der Dimension des Prophetischen bzw. des Sehers zu wachsen und im Leben im Übernatürlichen Reife zu erlangen.

Luc Niebergall, Eine zeitlose Reise

Wie ich den Himmel erkunden und meine Identität empfangen durfte; 144 S., Paperback

Ab dem Alter von 16 Jahren wurde Luc Niebergall eine unglaubliche „Reise" in die Herrlichkeit der Person Jesu zuteil. Durch prophetische Begegnungen durfte er den lebendigen Gott erfahren.

Nach acht Jahren Visionen, Träumen und himmlischen Begegnungen hatte er den Eindruck, Gott wolle, dass er einiges von dem, was er ihm gezeigt hatte, in Form von Geschichten in einem Buch niederschreibt.

Dieses Buch ist ein Aufruf an die Söhne und Töchter Gottes, ihr volles Erbe zu empfangen, das darin besteht, in einer ewigen, intimen Beziehung zu Gott selbst zu leben.

Begegnen wir der intimen Liebe Gottes, des Vaters, fällt die falsche Identität, dass wir Waisen sind, von uns ab. Wir werden zu siegreichen Söhnen und Töchtern, welche den Nationen Heilung und Wiederherstellung bringen.

Dr. Larry Richards
Die volle Waffenrüstung Gottes

Gut geschützt gegen die Angriffe des Bösen; 208 Seiten, Pb.

Die Bibel macht deutlich, dass ein Großteil unserer Unsicherheiten, Ängste und Zweifel auf den Machenschaften böser Mächte beruhen. Deshalb ist es so entscheidend, dass wir sowohl die Strategien kennen, die Satan benutzt, um uns anzugreifen, als auch die Rüstung, die Gott uns zur Verfügung stellt, um uns dagegen zu schützen.

Eine biblische Dämonologie, Hilfen zum Umgang mit dem Bösen in der Seelsorge sowie Lektionen für „Lebe-frei-Selbsthilfegruppen" runden das Buch ab.

Phil Mason, Die Ergründung des Herzens
Eine Einführung in die Herzensrevolution; 240 S., Pb.
Band 1 der Reihe „Übernatürliche Transformation"

Willkommen zur Herzensrevolution! Phil Mason bringt uns mit diesem Buch wieder mit dem Herzen Gottes – und somit auch unserem eigenen Herzen – in Verbindung. Begegnen wir der verschwenderischen Liebe des Vaters, erweckt sie in unserem Herzen eine neue Begeisterung und Leidenschaft.

Jesu Modell der Herzensverwandlung stützt sich nicht auf irdische Weisheit und Methoden. Er möchte, dass wir durch eine Begegnung mit der Herrlichkeit und Macht Gottes verwandelt werden.

Phil Mason, Das Wunder der Neuen Schöpfung
Die Grundlage der Herzensrevolution, 264 S., Paperback
Band 2 der Reihe „Übernatürliche Transformation"

Was genau passiert bei der Wiedergeburt eines Christen? Welche Segnungen gehen damit einher? Wie kommen wir dahin, vom Geist bestimmt zu werden? Und wie geschieht es, dass wir ganz heil werden und immer mehr Christus widerspiegeln?

Phil Mason legt die umfassende Grundlage dafür, dass jeder Christ die Tatsachen und Prozesse versteht, die uns zu siegreichen Christus-Nachfolgern machen. Das ist Voraussetzung für die Revolution, die Gott in seiner Gemeinde gerade in Gang bringt.

James Goll
Der Prophet
Eine gesunde prophetische Kultur fördern und bewahren
216 S., Paperback

Dieses Buch bringt dich im Prophetischen voran, was die Welt gerade jetzt braucht. Es gibt dir Wegweisung, wie du das Prophetische in deinen Einflussbereich hineinbringen kannst, und macht dir auf biblischer Grundlage Mut, deiner Berufung nachzugehen.

James Goll hat eine unbeschreibliche Fülle an Erfahrung als Prophet. Das macht dieses Buch so anders. Er zeigt auf, wie das Prophetische seinen rechtmäßigen Platz in der Gemeinde bekommt – eine Ressource, ohne die wir nicht leben können, wenn wir sie einmal erfahren haben.

Wenn wir im Leib Christi, von Gott geleitet, Propheten in ihre Autorität und in ein Beziehungsumfeld einsetzen können, bringt das Gnade in Situationen hinein und beschleunigt alles, was wir tun.

Blake K. Healy, Durch den Schleier sehen
Eine Einladung in die unsichtbare Welt; 176 S. Pb.

Blake K. Healy sieht Engel und Dämonen seit seiner Kindheit – und zwar so klar wie natürlich sichtbare Dinge. Er sieht zum Beispiel Engel in Anbetungsgottesdiensten tanzen und Ermutigungsworte in die Ohren von Menschen flüstern, doch genauso sieht er auch Dämonen, die sich an Leute heften und so Abhängigkeiten, Lügen und Bitterkeit in deren Herzen und Gedanken aufrechterhalten.

In diesem Buch erzählt er einige dieser Begegnungen und wie er in dieser Gabe reifte und dabei die Angst und Verwirrung über die Dinge, welche er sah, überwand. Und ebenso, wie er lernte, die Gabe des Sehens zu Gottes Verherrlichung zu nutzen und andere darin zu lehren. „Ich wollte nicht, dass dieses Buch jemals endet!" (Bill Johnson)

Paul Manwaring, Die Herrlichkeit Gottes
Was sie ist und wie unser Leben davon geprägt sein kann
260 S.; Paperback; Vorwort von Bill Johnson.

Gott hat eine Leidenschaft: Er möchte, dass wir seine Herrlichkeit kennen, und zwar schon hier auf Erden!

Paul Manwaring, der Leiter des apostolischen Netzwerk der Bethel Church, beschreibt seinen Weg in dieses Verlangen Gottes hinein. Er verfolgt die Spuren der Offenbarung von Gottes Herrlichkeit durch die Bibel hindurch und lädt uns ein, Moses Wunsch an Gott zu folgen: „Zeige mir deine Herrlichkeit."

„Dies könnte das ermutigendste Buch sein, das Sie je lesen werden" (Bill Johnson).

Beni Johnson, Der glückliche Fürbitter
Mit Gott die Welt bewegen, ohne die Freude zu verlieren
Vorwort von Bill Johnson; 180 S., Paperback

Beni Johnson (die Frau von Bill Johnson) nimmt uns mit auf ihre Reise von einer schüchternen Person zu einer kühnen, aber glücklichen Fürbitterin. Gott offenbarte ihr einen Weg, wie sie aus seiner Gegenwart und seiner Liebe heraus in Einklang mit seinem Herzen effektiv beten kann.

Fürbitte muss nicht dazu führen, dass uns die Anliegen, für die wir beten, unter Druck bringen oder emotional beeinträchtigen. Den Himmel auf die Erde zu holen, kann sogar regelrecht Spaß machen. Unmögliches wird plötzlich möglich – ob es dabei um „kleine" Dinge in unserem persönlichen Umfeld geht oder um die Veränderung des geistlichen Klimas über unseren Städten und Nationen.

Phil Mason, Quanten-Herrlichkeit

Die Wissenschaft von der Inbesitznahme der Erde durch den Himmel; 520 Seiten, Paperback

Quanten-Herrlichkeit erläutert auf eine äußerst spannende Weise die Zusammenhänge zwischen den faszinierenden Erkenntnissen der Quantenmechanik und der Herrlichkeit Gottes, die sich u. a. in Heilungswundern äußert.

Der erste Teil untersucht die subatomare Welt und enthüllt ihren außergewöhnlich komplexen göttlichen Plan, der die Genialität unseres Schöpfers offenbart.

Im zweiten Teil erklärt der Autor ausführlich, wie die Herrlichkeit Gottes in unser physisches Universum eindringt, um Wunder göttlicher Heilung zu bewirken.

Das Buch ist vollgepackt mit verblüffenden Erkenntnissen, aber mehr als das, ist es dazu bestimmt, uns für den übernatürlichen Dienst auszurüsten, damit wir die Herrlichkeit Gottes auf der Erde freisetzen, wie sie im Himmel ist!

Dr. Charity Virkler-Kayembe / Dr. Mark Virkler
Höre Gott durch deine Träume

Gottes Reden in der Nacht verstehen; 288 S., Pb.

In der Bibel finden wir sehr viele Beispiele für Gottes Reden durch Träume. Auch heute möchte er uns durch Träume wichtige Botschaften zukommen lassen. Doch beachten wir sie oft wenig oder wissen nicht, wie sie zu deuten sind.

Diesem Missstand möchte dieses Buches abhelfen. Die Autoren haben sehr viele Erfahrungen im Umgang mit Gottes Reden gesammelt. Das Buch ist ein praktischer, leicht verständlicher und biblischer Leitfaden, um die Sprache zu verstehen, die Gott in unseren Träumen benutzt.

Chris Overstreet, Übernatürlich evangelisieren

Ein Handbuch für die Praxis; 160 S., Paperback;
Vorwort von Bill Johnson

Übernatürlich evangelisieren hat das Potenzial, in uns das Feuer der Liebe Gottes zu entzünden, um Menschen, die Gott nicht kennen, mit seinem Herzen und seiner Kraft in Berührung zu bringen. Wir lernen uns ganz praktisch in das einzuklinken, was Gott mit den Menschen vorhat, denen wir im Alltag begegnen – wie es auch Jesus getan hat.

Zu den behandelten Themen gehören: Eine Reich-Gottes-Mentalität pflegen | Grundwerte des Evangelisierens | Wie wir Menschen zum Herrn führen können | In der Öffentlichkeit für Kranke beten | Prophetisches Evangelisieren | Angst und Ablehnung überwinden. Jedes Kapitel schließt mit einem Anwendungsteil, um das Gelernte zu reflektieren, in der Gruppe zu besprechen und im Alltag anzuwenden.

Barry & Lori Byrne, Liebe in der Ehe
Eine tiefere geistliche, emotionale und körperliche Einheit erleben; Vorwort von Bill Johnson; 334 S., Klappbroschur

Gott möchte, dass die Ehe ein Ort echter Liebe und Vertrautheit ist. Dafür brauchen wir die Hilfe des Heiligen Geistes. Mit ihm können wir die Ursachen unserer Konflikte erkennen und überwinden. Unsere Ehe kann Heilung und Wiederherstellung erfahren, egal, wie der momentane Zustand ist.

Mit klarer biblischer Lehre und vielen praktischen Hilfen packen die Autoren die wichtigsten heißen Eisen an. Viele ermutigende Erfahrungsberichte verdeutlichen die dramatische Heilung und Intimität, die mit Gottes Hilfe möglich ist.

Danny Silk, Erziehung mit Liebe und Vision
Herzensbeziehungen eingehen, statt Machtkämpfe austragen
Vorwort von Bill Johnson; 170 S., Pb.

Danny Silk fordert uns in unserem bisherigen Denken über Liebe, Disziplin und Respekt, ja in unserer generellen Vorstellung von Kindererziehung heraus. Er stellt eine Denk- und Lebensweise vor, die eine Leichtigkeit und Frieden in unsere familiären und sonstigen Beziehungen bringt.

Unser Herz spielt dabei die zentrale Rolle. Das Herz der Eltern und das Herz der Kinder. Wenn beide Seiten verstehen, wie sich ihr jeweiliges Verhalten auf das Herz des anderen auswirkt, werden die Herzen geschützt und Beziehungen können gedeihen.

Chris und Liz Gore, Überfließen
Jeden Tag die Fülle des Himmels erleben; 176 S., Pb.

Chris uns Liz Gore möchten allen Gläubigen ganz praktisch dazu verhelfen, das überfließende Leben zu erfahren, von dem Jesus gesprochen hat. Unser Leben soll nicht auf Lügen aufgebaut sein und unsere Vorstellung vom Herzen des Vaters soll auf der Wahrheit beruhen.

Als Bonusmaterial sind einige Lektionen von Insassen eines Hochsicherheitsgefängnisses in den USA enthalten. Als Chris dort diente, begegnete er der Liebe und dem erlösenden Herzen des Vaters auf eine ganz neue Art und Weise.

Bestellen Sie im Buchhandel oder (versandkostenfrei in D) direkt beim Verlag:
GloryWorld-Medien | Beit-Sahour-Str. 4 | D-46509 Xanten
Fon: 02801-9854003 | Fax: 02801-9854004 | info@gloryworld.de
Aktuelles, Leseproben, Downloads & Shop: **www.gloryworld.de**